# 新商机

## 改变商业版图的100项蓝海

[日]日经BP综研 编
詹雪 译

人民东方出版传媒
People's Oriental Publishing & Media
東方出版社
The Oriental Press

# 序　在蓝海中绘制发展蓝图

伴随着新环境、新时代的到来，如果仔细观察，就会发现在不明朗的经济前景中，依然隐藏着潜力巨大的市场。

为了找出这些新兴市场，日经 BP 综合研究所发起了一项名为“100 项蓝海”的调查活动。最终，研究人员和企业顾问等总计 80 人，从各自的专业领域中挑选出了 100 项拥有巨大潜力的市场，它们正是面向 2030 年的未来之星。

纵观这 100 项潜在市场，可以看出产业与企业将会发生巨大改变。重新对产业进行定义将是不可避免的潮流，而新兴市场也将由此诞生。举例来讲，汽车与交通将发展成出行服务（mobility service），医药与看护行业将融合成超健康护理这一全新领域。此外，对企业的评价标准也将发生改变，比起眼前的利益，人们将更加看重企业解决社会问题的能力。

这 100 项潜在市场虽横跨各大领域，但若仔细观察，就会发现它们的出现离不开五大产业结构的变化。在第 1 章“五大产业结构变化所带来的创新”中，编者将对此问题进行详细解说。编者认为，想要发现并抵达未来的蓝海，势必需要在五大产业结构发生变化的基础上进行创新。

在后文中，本书针对新兴市场的规模及发展策略分六章进行阐述。第 2 章围绕着健康、食品与生活质量（Quality of Life，缩写为 QoL）领域展开叙述，第 3 章则以人类的数字化与超人化为主题，第 4 章讨论改变工作方式的诀窍，第 5 章则探讨共享服务，第 6 章将关注到社会问题、可持续发展目标（Sustainable Development Goals，缩写为 SDG）与环境、社会和公司治理（Environmental、Social、Governance，缩写为 ESG），第 7 章则将目光聚焦到科技及其应用的新天地。

在第 8 章中，本书向读者朋友们提供了几点开拓潜在市场的秘诀。想要出航蓝海，必须具备以下三要素：第一，高瞻远瞩，预估即将发生的变化并将其与社会共享，即“预测未来”；第二，树立目标，并尽量让周围人参与进来，即“登月计划（moon shot）”；第三，果断绝伐，大胆引进不同领域的人才与科技，即“新型结合”。

负责挑出这 100 项蓝海的 80 名日经 BP 综合研究所的研究人员，均供职于日经 BP 旗下的专业杂志，他们或是专业记者，或是采访部主任，或是杂志的总编辑。可以说，他们一直站在商业与科技相融合的新兴领域前沿，见证了新兴产业的蓬勃发展。长久以来，作为一支经验丰富的专家团队，他们一直在为解决企业与社会之间的问题和产业振兴提供调查、咨询服务。在这里，编者可以自豪地说，本书正是由于“下载”了这 80 人头脑里的真知灼见与预测结果，才能向读者们展示面向 2030 年的丰饶蓝海。

目前，在各个领域中都出现了许多从现存产业边缘出发开拓新市场的人才。此时此刻，想要发掘新市场、创造新事业，就必须发挥想象力，从旧有的思维框架中跳脱出来。

各位读者朋友，请一定在你们所属行业的蓝海中，绘制出独一无二、走向新阶段的蓝图。若本书能跳出现有的框架，为你构筑自己的商业王国、寻找新红利添砖加瓦，有所助益，那就是编者之幸了。

日经BP执行委员　日经BP综合研究所所长　安达功

# 目录

# 第1章

# 五大产业结构变化所带来的创新

---

2019年1月，日经BP综合研究所发起了一项名为“100项蓝海”的调查活动。通过探索今后的新兴市场及其衍生领域，80名研究人员对2030年左右的市场规模作出了推断，并总结出相应的市场策略。五大产业结构的变化势必将会带来创新。在本书第1章中，我们以商业领袖（Business Leader，以下缩写为B）和技术负责人（Technology Leader，缩写为T）对话的形式，展开对产业结构变化的深入探讨。

---

**B** “如果说仅举出一项对企业来讲最为重要的问题，你认为是什么呢？”

**T** “应该说还是创新吧。科技发展到今天的水平，如何利用它，它又将带来什么，这正是许多企业所致力于研究的。”

**B** “创新来源于市场，集中于市场，甚至要以市场为震源。”

**T** “这是格言吗，还是谚语之类的？”

**B** “这是‘现代管理学之父’彼得·德鲁克（Peter Drucker）曾经说过的话。创新就是市场，换句话说，想要创新，就必须时刻关注着顾客。为顾客带来全新的体验，这才是创新的核心。把创新说成是技术革命，那可是错误的。”

**T** “可是，谈创新，不能离开技术吧……”

**B** “我并没有轻视技术的意思，只是作为企业，首先需要考量的应该是如何回应顾客与市场的期待，如何解决他们的问题。德鲁克在他所著的《创新与企业家精神》一书中，曾列举了七项创新的机遇的来源。对于新技术的应用，或许可以归为他在该书“新知识”这一章的论述。但是，这也是排在最后的第七项机遇来源，德鲁克本人也特别指出，其难度还是比较大的。”

**T** “的确，从开发、研究到诞生新技术，再将其应用于产品或服务，并最终走向市场，需要花费不少时间。而且，就算把产品推向了市场，也不见得就一定会受欢迎。我们应该怎样寻找创新的震源呢？”

**B** “德鲁克在七项创新的机遇中曾反复提到，时刻关注变化十分重要，也就是以下这三点：‘了解产业结构变化’、‘关注人口结构变化’和‘抓住认知的变化’。每当发生了巨大的变化，都有可能带来创新，新市场也就越有可能随之而来。”

**T** “也就是说，以日本为例的话，虽然少子老龄化社会将带来一系列的问题，但同时只要改变想法，就有新的可能，是这个意思吧。”

**B** “说到产业结构变化，倒是可以关注一下《从有形资产到无形资产》这篇论文。论文的理念是在 2017 年 10 月发表的伊藤报告 2.0 中提出的。日本经济产业省已经把全文公开在网上了。”

**T** “啊，马上就搜出来了。是这篇吧，全文的正式名称是《面向可持续发展的长期投资（环境、社会与公司治理，即无形资产投资）研究会报告书》。”

**B** “因为当时伊藤邦雄正担任研究会会议主席一职，所以才称这篇论文为伊藤报告。伊藤教授此前一直是一桥大学研究生院商学研究科的教授。这篇报告向人们展示了近年来财富从有形资产向无形资产的转变，其中提到的数据是十分令人震惊的。”

**T** “啊，就是这部分内容吧。报告里指出，从进入美国标准普尔 500 指数（S&P500，指在美国上市的主要 500 家公司的股票指数）的企业市场价值来看，无形资产的比例正逐年上升。”

**B** “2015 年的数据显示，无形资产的比重达到了 87%，如今更是接近了九成吧。真是让人感到吃惊啊。”

**T** “我看到报告里是这样总结的：‘企业若想创新、提高企业价值，比起增加在设施和设备等有形资产上的投资，更为重要的是确保自己的无形资产不会贬值，并对其进行必要的投资，投资对象不仅包括涵盖经营类人才在内的人力资本，也包括技术和知识产权等知识资本和企业品牌等。’”

**B** “日本的无形资产投资比例较欧美来说还是比较低的。若能换个角度想，今后更应该加大对人力资源、知识产权和品牌的投资，此举将为创新带来机遇。对人才的投资，才是打开新兴市场的关键。”

**T** “粗略一想，从人的出生到健康、医疗、疾病预防、教育、生活、看护和最后的丧葬事宜，真是有不少问题，人们对未来也一直抱有期待。可是，说到再生医疗、抗衰老（Anti-Aging）、改善睡眠、保健品和数字化健康管理等，这些对设备和场地等有形资产的投资要求也不少啊。”

**B** “因此啊，健康管理及其周边产业中可是存在着各种各样的商机呢。”

**T** “可是算上现有企业，新入局的企业也越来越多，这样下去不会发展成过度竞争的红海吗？”

**B** “《蓝海战略——创造没有竞争的世界》（W. 钱·金、勒妮·莫博涅著）一书中提出，只有当企业能为顾客提供市场上尚未出现但顾客有所需求的价值时，这家企业才算开启了蓝海。著者还说，‘大多数（蓝海）实际上都是红海的延伸，通过扩张既存产业，才能诞生蓝海。’”

**T** “也就是说，想要找到现存产品提供不了的新价值，就要在迄今为止尚未受到足够重视的无形资产中进行探索咯。”

**B** “人的数据，或者说，个人信息也可以算作是无形资产的一种。”

**T** “有一种说法叫生命记录（Life Log），即把人一生的所有数据都完完整整地保存下来。对个人信息的使用是信息技术（IT）应用中最受人期待的。但是，在使用过程中一定要万分仔细。只有做好信息的使用和保护两方面工作，才能扩大市场。”

**B** “刚才，我们谈到了人从出生到死亡的种种活动，但是却没提到工作。那么如何改变工作方式、缩短工作时长呢？对办公环境这类有形资产的投资当然必不可少，但是，对无形资产的投资却应占有更大比重，例如，改革工作方式时所需的配套服务等方面。”

**T** “是的，今后人力资源技术（HR 技术，指通过技术手段来改革人事业务）是如何在人才的录取、分配和评定等方面发挥作用的，的确令人期待。”

**B** “那么像居家办公，或者说远程办公（Telework）方面，会有怎样的发展呢？”

**T** “再过 10 年，恐怕‘远程办公’一词都要过时了。到那时，在哪里办公已经变得无关紧要了。由于在家或在当地办公的人群有所增加，出门上班的人数将大幅减少。这样，地域和地区的共同体将重新掌握话语权，而参与到家庭事务和育儿工作的男性比重也将逐渐增加。在这种情况下，想要保证工作质量，就需要足够的自我管理能力。这也可以说是产业结构变化中的一环吧。”

**B** “到那时，即便人在偏远的地方，也能参与到大都市和海外的业务中来，这就更需要所有地区的人们齐心协力做好工作。届时，市场上也将涌现出更多调节人与人之间交流沟通的配套服务。”

**T** “谈到无形资产，可以看出，近来有一种制造业服务化、从商品生产到创造服务的变化趋势。过去，制造业投资主要集中在有形资产上；最近，投资却开始向无形资产倾斜。例如，丰田公司近来推出了一项汽车行业的订阅服务

（Subscription Service），即以月供的方式允许消费者体验不同的车型；小松基建通过收集、分析设备的工作信息，可以向顾客反馈更有效率的设备使用方式，这已经成了行业标杆，引得许多制造企业纷纷效仿。”

**B** “自己没有汽车，却可以和别人共享一辆车，这就是所谓的共享经济，从拥有到共有，也是产业结构变化的一环。从最近的报道来看，美国的汽车租赁、共享服务和民宿服务简直成了行业咒语一般，不断在各种报刊上出现。像这样的服务，今后必将拓展到更多领域。”

**T** “例如？”

**B** “举个例子，最近有一款名为 Clear 的日本手机软件，登录后用户就能实现共享，看到别人的手写学习笔记。从大学生、高中生到初中生，这款软件上面大概上传、分享了 30 万份涵盖各个学科的笔记。用户还可以在上面提出问题，彼此进行解答。此外，还有用户分享了家政和工作方面的信息。可以说，这个应用真是把共享发挥到极致了。”

**T** “那这款应用能产生收益吗？”

**B** “对于共享服务的使用者来说，他们既可以通过提供有偿服务的形式获取收益，也可以通过分析收集来的数据产

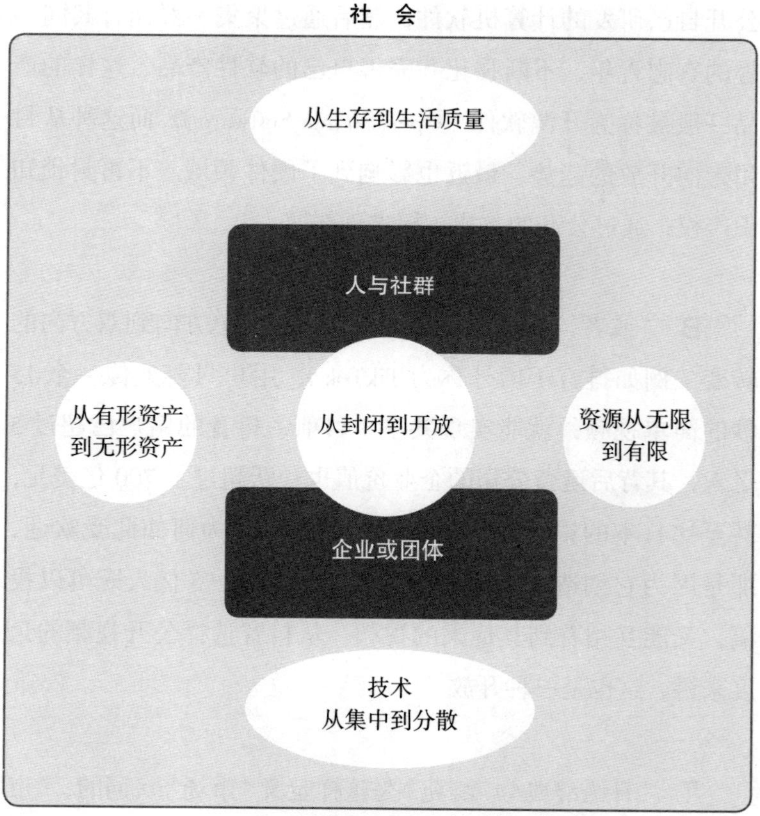


**关于创新的五大产业结构变化**

生利润。实际上，不仅仅是新兴企业，就连现存的大型企业，如果能尝试着去分析一下，自己是否有可共享的内容，说不定也会产生新型利润呢。”

**T** “所谓从拥有到共有，换句话说，就是从封闭到开放吧。从信息技术的领域来看，全球范围内的计算机工程师会公开自己研发的计算机软件，然后通过聚集一群拥有共同兴趣的有志青年，不断强化并完善自己的软件产品。这样的产品一般被称为开源软件（Open Source Software），而这种从封闭走向开放的趋势，最近也影响到了硬件领域。不再封锁知识产权，通过公开的方式，探求创新。”

**B** “或者，也可以把这种趋势称为从单方向到双方向的转变。例如抖音（国外称为 TikTok），用户只要上传一个 15 秒的简单视频，就能实现共享。目前，抖音的用户已超过 5 亿人，其背后运营公司的企业价值也一跃超过了 700 亿美元，甚至比日本的银行巨头还要高。要说抖音为何如此受欢迎，那是因为它创造了一种双方向的互动模式，5 亿人既可以投稿，又能互相看到其他人的视频。从抖音选择公开视频的角度来讲，这也是一种开放。”

**T** “日语辞典《广辞苑》是这样定义‘市场’一词的，‘市场是一种存在于一定场所和时间中的交换关系，其中包含无数的需求方和供给方，他们彼此毫无关系但相互竞争。’最重要的就是这种交换关系，只要不断替换产生关系的一方，就能带来创新，也将开拓出新的市场。”

**B** “话说，刚刚提到了伊藤报告 2.0，总结出这份论文的研究会是叫‘面向可持续发展的长期投资（ESG，即无形资产投资）研究会’吧。这里面的 ESG，也就是环境、社会与公司治理，也是不容忽视的关键词。”

**T** “从某种意义上来说，人的能力、信息和数据等无形资产是无穷尽的。只要提前作出一款成功的计算机软件，就可以无限地进行复制，其质量并不会下降。由此，就有可能产生超级附加价值。但是，地球的自然与能源是有限的，所以世界各国必须共同制定一个章程，来限制对它们的使用。诺贝尔化学奖获奖者福井谦一曾经说过，‘二十一世纪是修复地球的时代’。”

**B** “这真是至理名言啊。目前，日本的积水化学工业股份有限公司就和美国的公司合作，开发出一项把垃圾整个儿转化为酒精的技术。今后，垃圾处理厂很有可能就会变成‘都市油田’。2018 年，日经 BP 综合研究所曾经出版过一部名为《100 项风险》的书，经过研究所的调研，书中总结了多项商业领域的不确定性（风险）。其中就包括‘环境、社会与公司治理的风险’、‘环保认证原材料争夺战’、‘水资源不足与水灾害’和‘海洋污染引发的塑料禁令’等内容。如果能针对这些问题提出解决办法，那这办法本身也将成为一种新市场。”

**T** “在如何提高有限资源的利用率方面，科技尚有许多可发挥的余地。前面我们曾经说到，技术从开发到实现应用需要一定的时间。的确，从蒸汽机的诞生到铁路的修建、再到社会发生剧变，这一过程曾走过很长时间。但是，技术的普及时间已经越来越短了。回头看，电视花了 30 年，互联网花了 20 年，智能手机花了 10 年，而无现金支付仅花了 5 年就改变了世界。”

**B** “现在，个人轻易就可以入手并使用过去无法想象的高科技产品，所以技术的普及速度也随之加快了吧。”

**T** “进一步来讲，现在的技术水平在过去的人看来简直如同魔法一样吧。如今，像数十年前科幻小说（Science Fiction，缩写为 SF）里描写的心灵感应（Telepathy，指不通过动作和语言向相隔较远的他人传递自己的感觉或想法的超常规现象）、念力（Psychokinesis，是科学上无法证明的一种超能力）、意念移物（Teleportation，指通过意念来使物体发生移动）和预知等，都已经通过技术手段实现了相似的功能。”

**B** “但是像瞬间移动这种事情还是无法办到的吧？”

**T** “有一种技术叫作远程呈现（Tele-existance）。借助位于地球另一端的机器人，人们就可以做自己想做的事，或者人还可以操控汽车与机器。当然，人类是不可能瞬间飞到地球另一端的，但却可以借助科技实现类似的效果。”

**B** “我曾经跟分身机器人‘织女’(OriHime)进行过对话。身体移动不方便的人士可以远距离操作机器人，通过机器人向他人传达自己的意志。这款机器人的开发者曾经说过，它的开发目的就是想让更多的人参与到社会事务的规划中来。”

**T** “可以说，技术更容易得到普及，也是创造市场的产业结构变化之一。比如，伴随5G而来的不只是更快的网速，还有各种新商业机会。当然啦，企业还是必须要多多考虑顾客和社会的需求。”

**B** “当科技和无形资产、开放、有限资源这些词汇放在一起的时候，我们应该怎样描述它的变化趋势呢？”

**T** “在科技领域，可以说是走向开放了吧。但是也有人说是从集中走向分散，还有人说是变得无处不在（Ubiquitous）、变得消费者化（Consumerization）了。此外，还有人认为是从侧重到轻视，从迟钝到敏捷等等。最近经常可以听见一句话，‘铁路是因为人要到达不同的车站才被使用的’。可以说，如今的技术，无论何时何地，都能迅速在生活中得到应用。”

**B** “我明白你想说的意思了。仅凭一种产业结构变化是不可能催生出新市场的，只有各种各样的变化交织重合，才能带来新的化学反应，或者带来新的蓝海。从我们刚才的谈话来看，德鲁克曾指出的‘认识的变化’果然是发生了巨变。各国领导人共同提出了17项可持续发展目标，这说明人们开始反省，如果不重视我们的世界和子孙后代、人类的幸福和安全等因素，无论经济发展取得多么大的成就，都将变得没有意义。”

**T** “不仅如此，人们也开始对科技领域进行反省了。科技在带来便利的同时，也会产生各种各样的副作用，这也是不容忽视的事实。”

**B** “最近，很多人都抱有一种希望超越自己、为某项事业贡献一份力量的想法。像可持续发展目标和社会企业家等，还有刚才提到的分身机器人，都可以算作是这种为超越自己而努力的例子吧。”

**T** “有自我超越这种说法吗？”

**B** “美国的心理学家亚伯拉罕·马斯洛（Abraham Harold Maslow）曾经提出了著名的马斯洛需求层次理论。他认为，人类的需求从为了生存而吃饭、睡觉的生理需求开始，逐渐上升到安全需求、社交需求、尊重需求和自我实现需求。此后，他还在去世前最后一部书中写道，在自我实现之上，还存在着自我超越的需求。”

**T** “原来如此。但是，说到‘幸福’一词，其含义应该就更加丰富了吧。对现代人来说，健康就是一种幸福，可有时现代人却对健康追求过度了。例如，过去有一段时间，治疗高血压的降压药市场突然扩大了好几倍；最近，又出现了很多号称能减少谷物糖分的电饭锅产品。”

**B** “对健康、漂亮、气味等事物的追求虽说是一种认识的变化，但是，在这个变化过程中，也存在增加成本或产生社会负担等问题。当然，市场终归还是市场，即使存在一些不足，但人们已经不再满足于简单的生存，而是开始追求生活质量，这本身就是一项巨大的变化。”

**T** “上面提到的五大产业结构变化，也一定有它自己的产生原因吧。”

**B** “当然有了。之前说过，这五个变化是相互关联的。在物质丰富、生活富足的国家，人们的视野自然也变得更加开阔。这时，人们就会开始思考环境保护、减少粮食浪费和世界共同体的问题。”

**T** “当人们不再对购物产生兴趣，而是通过共享解决问题之后，就会在能够提高生活质量的兴趣体验上花费巨资。对制造商的评判标准也不再以产品为基准，而是要靠服务和提供服务的人才质量一较高下，如此一来，企业对无形资产的投资势必也将进一步加大。”

### 健康、食品与生活质量（第 2 章）

- 幸福管理
- “未病”策略
- 夜晚的睡眠管理
- 白天的睡眠管理
- 办公室健康监测
- 女性健康监测
- 快速无痛诊断
- 医疗合理化咨询服务
- 寿命预测
- 食品科技
- 有机食品
- 全营养食品出口
- 美食旅行
- 特殊食材
- 基因编辑食品
- 大麻油
- 建立养狗智能城市
- 现场娱乐
- 运动网络
- 装备沼泽
- 拥有强烈意识的商品
- 农业旅游
- 科技艺术出口
- 经营理念输出
- Z 世代消费
- 直面消费者的销售模式
- 全能护理机器人
- 技术护理
- 身后事综合服务（殡葬、墓碑）
- 身后事综合服务（资产、资金等）

### 人类的数字化与超人化（第 3 章）

- 人类的高度发展
- 克隆代理人
- 实时匹配
- 个人等级评定
- 信息银行
- 计算劳动者的市场价值
- 区块链遗嘱信托
- 大脑健身
- 触觉技术
- 辅助运动
- 遥在技术

### 改变工作方式的诀窍（第 4 章）

- 工作人员、工作场地、工作方式的变革
- 信息传递
- 人工智能助手
- 配有自动翻译功能的高精尖视频会议系统
- 协作机器人
- 复业支持代理人
- 自由职业者支援服务
- LGBT 雇佣支援服务
- 老年知识分子的学院
- 教育科技
- 循环教育
- 弹性工作场所
- 实现新型办公方式的住宅
- 企业周年业务咨询

### 共享服务（第 5 章）

- 订阅服务
- 基于出行即服务的服务
- 自动驾驶交通工具保险
- 农业技术
- 身体共享服务
- 区域信息管理
- 供应链管理服务
- 公司即服务
- 技术购买即服务
- 决策支持即服务
- 国际法务即服务

### 新天地与科技（第 7 章）

- 技术扩散
- 水下
- 移居、定居宇宙
- 飞行汽车
- 量子计算
- 边缘计算
- 培养信息技术与操作技术人才
- 代币经济
- 整理人工智能学习数据

### 怎样找到蓝海（第 8 章）

### 社会问题、可持续发展目标与环境、社会和公司治理（第 6 章）

- 充实社群
- 天灾预报
- 无人管理系统
- 可持续发展目标与地方振兴
- 发挥当地特色的可持续发展目标
- 企业看护
- 城市规划咨询
- 小型特许经营项目
- 大、中规模的木结构建筑
- 租赁住宅修缮全包服务
- 循环经济
- 家庭财产物联网
- 海洋塑料污染对策
- 碳循环利用技术
- 减少食物浪费
- 能源统合
- 综合能源市场
- 可再生能源
- 直流技术
- 虚拟电厂
- 微电网
- 新一代太阳能电池板
- 建材一体型太阳能电池板
- 新型氢能源（凝聚态核嬗变）
- 面向燃煤火电和钢铁行业的碳捕集与封存设备

**B** “想要找到蓝海，就需在五大产业结构变化的基础上进一步有所发展。无论是创新工程也好，日常业务也罢，如果仔细思考五大产业结构变化的趋势，就能发现很多新的东西。”

## 第1章编者姓名一览

安达功
酒井纲一郎
望月洋介
谷岛宣之

# 第2章

# 健康、食品与生活质量

人们一直都在追求幸福

# 幸福管理

## 重新思考幸福的定义将带来巨大市场

**市场概要**

- 重新思考什么是幸福
- 幸福就是生活质量（QoL）
- 它将对个人活动、组织运营和政策产生影响

如果突然提到“幸福”或“快乐”等词，或许会让人感到惊讶，但是不得不承认，如今的时代需要我们对“幸福”一词重新进行定义，甚至是重新追求；其中，个人自不必说，就连对企业、各种团体甚至是政府，我们都应问上一句：“幸福究竟是什么？”“人类又是什么呢？”

换言之，其实这就是对生活质量的追求。从狭义上讲，生活质量是一个医疗用语，指的是医生不仅需要专注治疗患者的疾病，还应同时考虑到他的生活质量或者说幸福感。从广义上讲，生活质量指的是与幸福相关的方方面面的充实度，比如工作、住宅环境、个人兴趣等方面。

实际上，近年来我们会越来越多地看到或听到“快乐经营”、“幸福经营”、“幸福点”、“幸福指数”、“幸福管理”等词语。企业也逐渐认识到，以向人们提供幸福为理念来进行经营活动有多么重要。与此同时，在公司内部，经营者也越来越关注员工的幸福指数，一些公司还由此推出

了“健康幸福经营法”，设置了“健康幸福领导”的职位。此外，有的国家甚至还任命了幸福管理官员。

在这一系列变化的背后，首先能联想到的原因就是标榜资本主义、自由主义的发达国家日渐成熟，以及医疗、脑科学和信息技术（IT）的进步。与过去相比，伴随着经济的发展与物质的丰富，人们生活逐渐富裕，人类的平均寿命也有所延长。但是，这一切变化真的有给人们带来幸福吗？我们不得不重新思考，虽然机器运转效率提高了，但是多出来的时间，人们应该做点什么呢？

机器人和人工智能（AI）技术日渐成熟，甚至在画像识别等领域，机器人和人工智能比人类的工作效率还高。在这种情况下，我们很有必要重新对人类的作用进行思考。当我们每个人都能活到一百岁的时候，究竟做什么才会让我们感到幸福呢？这个议题不仅涉及经济生活，甚至还涉及哲学、宗教和艺术领域。

对幸福的定义重新进行思考，不仅会对企业的经营战略、商业模式、产品及服务的开发、员工的培养等方面产生影响，也会促使可持续发展目标和环境、社会和公司治理的解决方式发生变化。进一步来讲，它还关系到中央政府与地方政府在公共政策上的设计和实施。另一方面，伴随着越来越多的人开始进行自我反省，那些震撼人心的艺术和古典哲学也将重获新生。至于能够让人重新思考幸福的商品和服务，自然也会获得人们的青睐。

除此以外，想要进行创新、寻找蓝海，也少不了对幸福的深层思考。在本书第 2 章中，我们将以健康和食品为切入点，寻找与生活质量相关的新市场，它们将按照健康与医疗、食品、生活辅助、护理与身后事管家的顺序逐一展开讨论。

**市场攻略**

☑ 在自己和自身组织内部进行真诚的讨论

☑ 以超出企业范畴的眼光进行意见交换

市场概要

- “未病”是指逐渐向生病发展的状态
- 想要抑制医疗费的上涨，研究“未病”策略很有必要
- 它将影响与生活和工作相关的所有产业

所谓“未病”，指的是虽然尚未生病，但是人却朝着生病的方向逐渐发展的状态。其中，既包括自己察觉不到但检查结果不容乐观的情况，也包括自己有所察觉但检查不出异常的情况。

事实上，如代谢症候群（Metabolic Syndrome）和衰弱症（Frailty）这样的流行语都可以归为“未病症候群”。如今，人们越来越注意自己的身体和精神状态。伴随着科技的进步，人们甚至可以实时掌握到比以往更加详细的数据资料，以便随时观察自己的身体状况。

作为显示“未病”程度的指标，人们慢慢开始关注到自律神经与体内氧化的情况。如果能够生产一种“未病测量计”，通过统计它的测量结果，就能得出“未病程度”的标准值。

以此为契机，健康、医疗行业将加速推进破坏性创造（Disruptive Innovation）。举例来讲，如今，“移动服务”（Mobility Service）已经开始

与体检、治疗相结合，而旨在改变用户行为习惯（如健步走、禁烟提醒）的手机应用也成了不少人手机里的必备软件。此外，实时监控人体数据、提供各类健康建议的新型服务项目，也正在悄然融入我们的生活。

“未病”策略的主舞台是在医院之外，也就是在日常生活和职场当中。换句话说，它存在的价值就是让人们在就医前抢先阻断疾病。除了为人所熟知的医疗产业（如医院等）以外，各种与生活、工作息息相关的产业都开始加入医疗服务的“大军”，由此也产生了很多前所未闻的新型服务和商品。

如何改善人们的“未病”状态是眼下最为紧要的课题。这其中的背景一方面是生活质量，另一方面不必说大家也猜得到，就是昂贵的医疗费用问题。到 2025 年，日本的婴儿潮一代（指生于 1947—1949 年第二次世界大战结束后的一代人）即将成为后期老龄者（75 岁以上的老年人），这意味着日本将成为超老龄化社会，即每 4 个日本人中就有 1 个是后期老龄者；届时，据估计，日本的医疗费用将达到 58 兆[①] 日元（数

**市场攻略**

- ☑ 确立“未病”的标准指标
- ☑ 包括新兴产业在内的所有参与者必须加强合作
- ☑ 以最前沿的技术改变传统的认知

---

① 兆是货币单位，1 兆是 1000 亿。——编者注

据来源于 2017 年健康保险组合联合会的调查）。2018 年，日本的税收额创新高达到 60 兆日元，但医疗费用与全年的税收额基本持平，却不是一个正常的现象。因此，为了抑制持续上涨的医疗费用，日本政府也开始主持预防医疗的推进工作。

在后文中，我们将对“未病”策略带来的新兴市场进行详细介绍，其中包括睡眠管理、办公室健康检测、生活方式管家和寿命预测等。

市场规模

**由睡眠不足所导致的**

**经济损失达 16.9 兆日元（占 GDP 的 3.3%）**

出处：据兰德公司（RAND EUROPE）调查所得

市场概要

- 通过改革工作方式来引起市场的重视
- 改善夜晚的睡眠质量以提高工作效率
- 能够做梦的睡眠有助于保持心理稳定

对日本来说，今后最有发展潜力的市场就是睡眠管理。睡眠管理是对获取优质睡眠工作的总称，由于过程中需要对睡眠进行监测，并需要在改善睡眠的方案上搭配特殊的工具，因此，睡眠管理也被称为睡眠科技（Sleep Technology）。

日本之所以在睡眠管理上拥有广大市场，是因为日本在睡眠不足的国家排行榜上遥遥领先。在经合组织（OECD）对 33 个加盟国家的国民生活时间分配调查（2019 年度）中显示，日本人的睡眠时间是最短的，甚至比 33 个加盟国家的平均睡眠时间还要少一个小时。

睡眠质量对经济的影响十分深远。非营利性研究组织兰德公司（RAND EUROPE）根据日本人的睡眠时间对经济损失进行了估算，结果显示：到2030年，日本经济损失将达到16.9兆日元，约占GDP的3.3%。这项估算的依据主要有以下几点：首先是由睡眠不足导致旷工而产生的损失（Absenteeism，无故旷工），其次是因出勤也无法保证工作效率而产生的损失（Presenteeism，假性出席），此外还有由于睡眠时间过短而引发的死亡率等等。这些数据都可以通过各种调查研究得到比较准确的结果。

日经BP综合研究所曾开展过一项关于职场女性健康的调查，结果显示，“无法入睡”在女性离职的理由中占有很大比重。

保证充足的睡眠时间和良好的睡眠质量，才能提高生产率，因此睡眠管理拥有广大的市场。在企业招聘条件比较严苛而又必须提高单位时间生产率的大背景下，能够提高3.3%的工作效率，其意义也十分重大。

睡眠质量可以通过脑波和身体动作进行观测。目前，根据认知行为治疗理论开发的手机应用可以帮助用户创建良好的睡眠节奏和睡眠习惯，进而改善用户的睡眠质量。通过改变起居室和寝室的空调与照明系统，也能为高质量的睡眠和起床时间打造一个良好的环境。此外，市场上标明能够改善

**市场攻略**

- ☑ 观测睡眠（身体动作、体温、呼吸和脑波）
- ☑ 有助于创造良好睡眠的手机应用、保健品和照明系统

睡眠的功能性保健品也越来越受到人们的欢迎。

过去，关于失眠的治疗方案一般是采用药物治疗或呼吸辅助器等，治疗目标主要是对失眠的消极状态进行干预。如今，通过观察入睡的时机、睡眠时的温度和湿度管理以及人体的疲劳程度，专家会给出相应的起床时间建议。与过去相比，如今的治疗方案介入得更加提前与及时。

市场概要

- 通过白天的短暂睡眠来提高工作效率
- 优质睡眠有助于降低患认知障碍的风险

毫无疑问，睡眠管理市场正呈现出扩张的趋势，但其中除了夜晚的新市场之外，还存在着一个可以把白天时间利用起来的浅眠市场。在美国，这种积极的短暂睡眠被称为 NAP（小睡，打盹儿）。

根据美国斯坦福等大学在 2017 年的研究显示，在连续 6 天每天只睡 5 小时的情况下，若能在白天浅眠 45 分钟，可有效缓解由于睡眠不足而引起的精神困顿和注意力不集中等现象。

目前，科学家正在开发能够积极引导人们进行浅眠的白日睡眠设备。如果能够进一步开发出提高白天睡眠质量的技术，企业也能打造允许白天浅眠的办公环境，那么编者相信，这对提高企业的生产效率将大有助益。

事实上，睡眠管理的目的并不仅仅在于提高经济效益这一方面。无论是从工作人员的生活质量角度来看，还是从企业有意识地倡导健康经营的方面来说，睡眠质量的重要性都引起了人们对它的重新审视。当然，这一现象的背后，离不开近10年来科学家对睡眠期间大脑活动的深入研究。

首先，充足的睡眠是保证心理健康的必备条件。根据加利福尼亚大学伯克利分校与东京医科齿科大学的联合研究显示，通过比较让人做梦的快速动眼睡眠（REM）前后的情感因素发现，在“恐惧”、“悲伤”、“愤怒”和“幸福”四种情感当中，“恐惧”和“悲伤”情感经过睡眠后明显减少，而“幸福”情感显著增高。值得注意的是，这项结论并不是观测夜间睡眠的结果，而是根据90分钟白天的睡眠分析得来的。

人生百年，睡眠与大脑一生的健康密切相关。根据华盛顿大学等研究机构的研究显示，能在就寝时间中持续保持高质量睡眠的人群，其大脑中累积的β类淀粉蛋白质（Amyloid）比例也比较低，而这种物质正是导致阿尔茨海默症（Alzheimer's disease）的重要原因之一。相反，如果睡眠质量比较差，睡眠经常出现中断，那么这类人群大脑中的β类淀粉蛋白质则累计较多。

英国罗切斯特大学其他方向的研究显示，在睡眠中，负责向大脑神经细胞补给营养的神经胶质细胞（Glia）通过不断收缩，可以把β类淀粉蛋白质等大脑废物排泄出去。据说，小白鼠实验显示，睡眠中断的确会阻碍β类淀粉蛋白质的排泄。

对睡眠质量进行监测，有助于及早发现患认知障碍风险较高的人群。而改善睡眠质量，则很可能有助于预防认知障碍的出现。

此外，睡眠质量还关乎记忆力的好坏、免疫力的高低以及血压是否稳定。在睡眠中，学习记忆将从短期记忆转化成长期记忆。在学习之后，如果能尽早入睡，那么这段记忆将更有可能被大脑接收。通过比较不同人群患感冒的概率发现，与睡眠充足的人群相比，睡眠不足 6 小时的人群感染率高出 4.2 倍，睡眠不足 5 小时的人群则高出 4.5 倍。进一步来讲，睡眠不足也会增加患肥胖症和高血压的风险。特别是对不到 60 岁的人来说，睡眠与肥胖症和高血压的关系更加密切。

**市场攻略**

☑ 有助于引导浅眠的白日睡眠设备

☑ 改善能够提供白日浅眠的空间

## 005

# 办公室健康监测

## 时刻掌握员工的健康状态

**市场规模**

2025 年

1 兆 **1200** 亿日元

出处：日本经济产业省

**市场概要**

- 追踪员工的身心状态
- 预防、及早诊断、及早治疗
- 身体状态、干劲儿和心理充实度的可视化

在健康经营的理念中，我们需要注意两种情况：一是员工偶尔因病无法工作的“无故旷工（Absenteeism）”，二是因健康问题导致工作效率下降的工作状态，即“假性出席（Presenteeism）”。其中，有报告指出后者比前者对业绩的负面影响更大。“实现所有人的良好健康与福祉”是 17 个可持续发展目标之一，而作为其中的一环，可以看到近年来越来越多的企业开始关注员工的健康情况。

最近，对员工健康状态的检测服务颇受人瞩目。例如，通过让员工随身佩戴心电仪、温度计（红外线温度检测仪）或三轴加速度计，就可以

随时记录下各种各样的生命数据。只要对这些数据进行分析，掌握员工的身体状态，就有可能从企业的角度对其进行适当的介入。

专门从事这种诊断系统开发工作的医生岛田祥士（日本细谷高崎医院院长）指出，“如果员工心里抗拒工作却承担工作任务的话，其自律神经将变弱，压力指数将上升。如果能够实时追踪每一位员工的身心状态，那么每当他出现‘休息一下压力就会变小’的心理倾向时，企业医生就能及时在工作中给出让他适当休息的建议。”

最近，对从事物流运输行业的企业来说，人们越来越认识到，必须重视对司机的阻塞性睡眠呼吸综合征等问题的健康检查，否则将很可能引发交通事故。

如果能够集中分析个人的身体情况、活动作息以及当时的环境情况等大数据，就可以明确掌握不同人群、不同体质的身体有可能发生什么样的问题，从而为其量身打造相应的食物和活动建议。此外，这种服务也可以以公司为单位，把全部集团员工作为服务对象，只不过其服务价格也将变得十分昂贵。

**市场攻略**

- ☑ 追踪员工的身心状态
- ☑ 阐明员工的福利
- ☑ 对数据的采集、保管应足够慎重

除此以外，通过监测白天进食后打瞌睡的现象，也能在防止糖尿病恶化方面起到积极作用。虽说在糖尿病前期，进食后血糖升高的现象十分明显，但其实这一阶段的病人也很容易在白天进食后打瞌睡。由于糖尿病是一种慢性病，因此无论是在六七十岁退休还是无退休制度的社会，它都不是导致员工无故旷工的主要原因。

市场规模

**年劳动损失可达**

**4911 亿日元**

**本数据由东京大学研究生院医学系研究科生殖、老化与发展医学专业产妇科学系所大须贺穰教授等人的研究组推算**

| 市场概要 | |
|---|---|
| | ● 监测女性的身体状况 |
| | ● 挽回每年近 5000 亿日元的劳动损失 |

在办公室健康监测领域中，掌握女性的身体健康情况正变得越来越重要。根据 2013 年东京大学研究生院医学系研究科生殖、老化与发展医学专业产妇科学系所大须贺穰教授等人的研究组推算，由经前综合征（PMS）等经期症状导致的日本年劳动损失可达 4911 亿日元。

由于女性的雌激素（Estrogen）和孕酮（Progesterone）两项荷尔蒙指标每 4 周会发生一次较大的波动，因此有部分女性在 4 周当中，可能在只有 1 周的时间里身心会呈现比较安定的状态。与之相对，男性的雄性荷尔蒙分泌量基本是稳定不变的。

月经周期在体温上可以表现为高温期和低温

期。有专家认为，通过记录由可穿戴式便携设备等所收集的体温数据和女性心情的变化，就有可能发现其本人难以察觉的经前综合征早期症状，从而找到相应的对策，以减少由此带来的劳动损失。

在欧美国家，虽然在国别和年龄上有所差异，但从女性的初经到闭经期间，除了有计划的妊娠期以外，女性持续服用低剂量的口服避孕药已经成为一种普遍现象，这是因为它不仅可以影响月经的变化节奏，也能让荷尔蒙分泌更加平衡稳定。除此之外，这种方法还能缓解月经期间剧烈的疼痛、经血过量以及经期综合征等症状。如果能够通过健康监测的方式找到症状比较严重的女性，那么也可以考虑在日本引进这种低剂量口服避孕药。

换句话说，健康监测也能帮助及早发现女性由于低温期所引起的身体不适等症状。

由于健康监测的结果和数据是十分敏感的，因此不必多言，企业和团体在数据采集与保存工作上必须小心谨慎。特别值得一提的是，在女性问题上，管理岗位的工作人员必须对女性特有的问题和经期综合征抱有正确的认知。

**市场攻略**

- ☑ 关于女性健康的扫盲教育
- ☑ 对待数据必须小心谨慎

市场规模

**全球市场**

**1400 亿美元（2025 年）**

出处:《技术路线图（Technology Roadmap）》日经 BP 综合研究所编著 2019-2028（全产业篇）

市场概要

- 从唾液、尿液和皮肤中检出身体异常
- 远红外线便携血糖检测仪
- 可穿戴式便携设备的普及
- 把家庭与健康诊断设备相结合的线上服务

据估计，目前日本国内的健康诊断市场规模约有 5000 亿日元，到 2030 年，这个数值将超过 1 兆日元。在这个巨大的市场中，最引人注目的，正是对身体温和、无创的无痛检查市场，例如，通过在皮肤表面进行光照、通过尿液和唾液等无痛方式观察身体的变化等。

目前，由鹿儿岛大学发起的创业项目——SUDx-Biotec 公司，就在积极开发通过唾液检测流感的试剂盒，并争取通过药监局的审批。而此前，流感的检测一般需要通过把棉签伸入患者的鼻腔内部采集黏液的方式来完成。

现在，日本超短脉冲激光（Ultrashort Pulse）研究第一人山川考一，正在运用光触屏全息激光投影（Light Touch）技术，研发一款无须采血、仅靠对人体无害的中红外线照射就能测定血糖的高精度便携型检测装备，其目标是3年后实现市场化应用。这项研究得到了日本科学技术振兴机构（JTS）大学新型产业创造计划（START）等机构的支持，其原理是当光穿过分子或在分子表面形成反射时，根据分子的不同种类及状态，分子将按照特定的波长对光进行吸收。此外，由九州大学牵头创办的高科技企业——HIROTSU生物科技公司，也将在2020年开展一项通过线虫来进行癌症检查的服务项目，这是利用了线虫对癌症患者的尿液气味拥有高度敏感的识别特性。据说，用这种方法可以从癌症患者的尿液中测出18种不同的癌症。

近年来，上述这些无创的检测方式，已经取得了不输于传统检测方式的精确结果。新型检测方式不需要患者亲自前往医疗机构，病人在家就能完成，并可把结果发送给专家。如果今后这种把家庭与门诊结合起来的服务能够获得推广，那么传统的职业分类、健康体检和医疗诊断等机构的存在方式将可能发生极大变化。

此前，在健康检查时使用的采血和X光等方式，不仅需要医生花费一定的时间，有时也存在一定的风险或造成医疗事故。此外，对针头、采血管等医疗垃圾的处理也需要一定的成本。

无创健康检查市场在逐年扩大的同时，有些问题也应当多加注意：一是提升检测的精确度，二是亟须制定法律法规对数据的保存及使用加以规范。

**市场攻略**

- ☑ 开发新型检测技术
- ☑ 达到与传统血检持平的检测精确度
- ☑ 在抑制医疗费上涨和可持续发展方面的效果可视化

市场概要

- 为健康、医疗和护理提出个性化建议
- 为检查项目和药方提出最合适的方案
- 延长健康寿命，充实多彩人生

由于各种各样不良生活习惯的影响，很多人一过了50岁，身体便呈现亚健康状态或出现疾病。在去了多家诊所和医院、做了无数相同的检查、得到相似的药方之后，有些人不禁产生怀疑，“这些真的全都有必要吗？”正是在这样的情况下，“医疗合理化咨询服务”应运而生。

医疗合理化咨询服务，是指通过分析患者此前的健康、医疗和护理情况，为其今后必要的医疗行为提出合理的建议。例如，通过咨询，患者可以得到“还可以采用非专利药（Generic Drug）”“过敏测试之前已经做过了”“可以用射频消融术（Ablation）来代替开腹手术进行治疗”等的建议。在得到合理化建议的基础上，患者再到常去的医生那里进行治疗。若患者已患有必须进行手术的重大疾病，通过医疗咨询，他也可以得到最新的医疗信息，内心就更加安定了。

如今，每个人都会亲自掌管自己的健康、医疗与护理信息，通过不断获得与自身健康状态最匹配的合理化建议服务，就能延长自己的健康生活时间。如果能够一面提高患者接受医疗行为的满意度，一面又能及早针对疾病进行准备，那就可以有效地控制在医疗与护理方面的相关费用，并对劳动力的增长和消费市场的扩大产生积极意义。

最初，从事医疗合理化咨询服务的都是医疗和护理行业的专家，但为了控制服务费的增长，最近也出现了人工智能（AI）服务。目前，世界各国都在慢慢走向超老龄化社会，为了应对日益增长的市场需求，如果日本开发的人工智能医疗合理化咨询服务能够成功，那么它将为全世界的人类健康作出贡献。

如前文所述，假如开展针对血压和心率等生命体征数据的健康监测，那么就有可能根据数据提出个性化的健康建议。比如，体温 37℃是判断成年人是否发热的基准线，但实际上个体之间存在着差异，对有些人来说这是患上肺炎等疾病的初期症状，但对有些人来说却安然无事。如果对个人数据进行长期监测，就能从中推算出其健康状态的平常值。如此一来，哪怕数据仅仅发生了微小的变化，也能及早发现疾病，防止轻症转化成重症。

日本福冈市的芙蓉集团是一家专营医院和护理设施的公司，它开发的“每日安心诊疗网”，可以说是医疗合理化咨询服务的先驱。该网站通过 365 天连续监测个人的生命体征数据，全力打造属于每个人的“私人订制（Tailor-Made）医疗”。目前，网站数据已导入到日本的医院和护理机构系统，并取得了一定的成果。

目前，日本厚生劳动省正在着手准备一项名为“People（人）”的信息系统，它将以个人为中心，统合每位国民的医疗保健数据，并在2025年实现应用。届时，医疗保健专家将共享个人在不同生活场景的个性化数据，个人也将在自我健康管理领域发挥更大的作用。

**市场攻略**

☑ 收集健康、医疗和护理领域的个人信息

☑ 处理信息、开发能够贡献合理建议的人工智能服务

市场规模

**寿命预测年服务费**

**总计可达 6 兆日元**

**据日经 BP 综合研究所推算**

市场概要

- 掌握个人的基因、健康状态和行为习惯
- 利用人工智能进行寿命预测
- 提供个性化的食品和运动建议服务

寿命预测，是指通过记录个人的基因、健康状态和行为模式数据，利用人工智能的寿命预测模式对数据进行学习、分析，从而提供预测寿命的服务。不仅如此，这项服务还能同时为客户提供个性化的寿命延长建议。具体来说，它将帮助顾客制订合适的食品菜单，或在运动方面提供合理的建议。

如今，如何削减医疗费用已经成为一项社会问题，因此，人们对健康自立的生活需求十分强烈。从延长寿命的角度来讲，如果这项服务能够改变人们的行为模式，那么它不仅可以帮助解决社会问题，也是对个人需求的积极回应。

以短期入院全面体检服务为例，虽然具体价

格还要看服务内容与质量，但一套高级的体检套餐如果能够标价到10万日元，那么这将形成一块巨大的市场。

值得注意的是，市场形成的关键因素在于简易且低价地完成对基因的解读，以及尽早获得更多的客户。只有让人工智能学习并分析大量的数据，才能提高预测寿命的精确度。

此外，由于收集上来的数据和向客户反馈的结果，都是与健康和寿命息息相关的敏感数据，因此商家在维护数据安全、与客户达成协议、向客户反馈结果等方面都要特别注意。

对很多人来说，“自己还能活多久”是一件十分重大的事情。如果能以较高的准确率预测到生命的界限，那么可能有些人就会以有准备的方式度完余生，比如停止对疾病的治疗，转而选择温和的健康护理。

另外，如果寿命预测的方法能够进一步完善，说不定针对不同生活习惯的寿命模拟系统也将成为现实。届时，生活习惯改善计划就能按照个人的实际情况进行设计，怎样

**市场攻略**

- ☑ 简易且低价的基因解读服务
- ☑ 监测人们的健康状态和行动
- ☑ 利用人工智能构建寿命预测模型
- ☑ 数据收集越丰富预测精确度越高

改变生活习惯，寿命又能延长多久，都将成为现实。如此，人们将在生病之前就会有所准备，如果还能长时间保持健康的状态，那么这将对削减医疗费用这一社会问题产生积极意义。

市场规模

**86 亿人**

出处：联合国《2019 版世界城镇化展望》(United Nations，2019 Revision of World Urbanization Prospects)

市场概要

- 用户的可视化
- 食品的个人适配
- 医食同源
- 替代蛋白质
- 商业模式

“食品科技”一词是由食品（Food）和科技（Technology）两个词组合而成的。有时，也可以用“食品创新”来代替食品科技，其含义更加广泛，其中包括用植物性食材制作的“人造肉”，以及菜单与厨房电器的一体化、做饭机器人、食品配送和植物工厂等。

食品科技真正走入人们的视野，是在 2019 年年初。每年 1 月，在美国拉斯维加斯都会举办国际消费电子展（CES，International Consumer Electronics Show），正是在 2019 年的展览会上，用植物性食材制作的人造肉首次亮相，同时，展会还举办了食品科技专题展览活动。

除此之外，近来世界各地出现了越来越多以食品科技为主题的新兴活动。例如，美国的技术投资基金、比尔·盖茨（Bill Gates）和演员莱昂纳多·迪卡普里奥（Leonardo DiCaprio）等天使投资人，最近就在对以食品科技起家的初创企业进行投资。

为什么现在会出现食品科技呢？从大环境来说，由于世界人口的增加，未来很有可能会爆发粮食危机。另外，伴随着互联网的普及，个人的喜好与活动也变得越来越“可视化”。个人可视化进程的发展，不可避免就促进了个性化食品及相关服务的发达，这里的个性化是指产品与个人喜好及健康状态相适配。

食品科技市场拥有巨大的潜力。到2030年，世界总人口预计将达到86亿；至2050年，这个数字将变成100亿。可以说，全世界所有的人口都是食品科技的顾客。正是由于顾客数量十分庞大，所以如何总览全局、怎样找到入手点就显得尤为重要。

从人们的需求出发，有时商家提供的服务虽然迎合了人们的需求，但仍有不足的地方，这时，就需要对不足之处进

**市场攻略**

- ☑ 总览世界市场
- ☑ 生态系统
- ☑ 行动

行完善，创造一个全新的生态系统（Ecosystem）。食品科技事关人类的健康与生命，因此品质保证自是重中之重，但值得一提的是，只有尽早捕捉到客户的需求并尽快将其实现，才有可能引起极大的变革。

市场规模

**至 2030 年，农作物、化妆品和日用品市场可达年均 2 兆日元**

据日经 BP 综合研究所推断

市场概要

- 有益于健康与环境的农作物与化妆品
- 消费者的健康环保意识有所提高
- 欧美国家有机食品市场高达数兆日元

目前，日本的“有机（Organic）”市场正在逐年增长。其中具有代表性的商品有：少用或不用农药、化学肥料栽培的蔬菜和水果，在健康的饲养环境中产出的畜产品，以天然原料为主的化妆品和肥皂等。最近一两年，不仅大型超市增加了有机产品的销售柜台，有机产品专卖店也越来越多。这一现象反映出，关心健康和环境问题的消费者正在日益增长。

这类消费者群体普遍对有机产品的投资倾向比较强烈，其投资方向包括：以有机食材为主的加工食品、考虑到海洋资源可持续发展的海产品、采用有机棉生产的服饰、减少化学物质使用的家具、采用有机食材的餐厅以及综合有机商品和服务的大型活动等。概括来讲，有机市场正是由“有益于健康、地球环境和社会可持续发展的商品与服务的集合”所构成的。

有机食品的市场中心依然是食品。根据调查机构的数据显示，虽然实际数据可能稍有差异，但在2017年前后，日本国内的有机市场规模为1000亿日元~4000亿日元。欧美的有机食品市场则和日本相差有一位数之多。例如，美国的有机食品总销售额（2017年）高达452亿美元（4.8兆日元），德国的总销售额则为113亿美元（约1.2兆日元）[根据瑞士农业有机研究所与国际有机联盟FiBL&IFORM《2019世界有机农业概况与趋势预测（The World of Organic Agriculture Statistics & Emerging Trends 2019）》]即便是考虑到人口数量的差异，欧美国家有机食品的市场也远远超过日本。

因此，日本的有机市场尚有很大的发展空间。首先，通过定量、定性的调查，商家需要向消费者展示出有机商品的实质性优点。以往的有机食品和化妆品总是打出“健康”“对环境友好”的标语，具有很强的诉求倾向。实际上，最近有不少食品方面的定量调查正在开展。比如，根据日本国内的非营利性组织（NPO）公布的数据显示，一定时间段内连续食用有机栽培的蔬菜后，尿液中的农药浓度会明显降低。

此外，商家需要下调食品价格。目前，有机蔬菜零售价基本是普通蔬菜的2倍。如果能够通过引进先进的农业技术和改革当前的流通环节等手段，促使有机食品的销售价格下降，那么其市场也将进一步扩大。

**市场攻略**

- ☑ 展示商品的实际好处
- ☑ 下调销售价格
- ☑ 发展新技术、改革流通环节

# 012 全营养食品出口

## 只要抓住世界的胃，就能抓住世界市场

市场规模

**约 53 兆日元**

**2018 年日本保健食品市场规模为**

**1 兆 4260 亿日元**

出处：日本富士经济市场调查公司的保健食品类市场调研（明确为食品、饮料类别）

市场概要

- 解决健康问题
  作为健康食品的需求
- 解决粮食问题
  作为贫困阶层日常食物的需求
  作为全人类紧急食物的需求

“每天只要吃这个，就能满足人体一天的营养需求。”

打出这类广告的食品一般被称为全营养食品。继健康食品、保健品之后，全营养食品因营养全面而引起市场的关注，但它的价格并不便宜，口味也有待提高。目前，这块市场主要是被新兴企业和大型食品制造商所垄断。

全营养食品获得关注的原因之一，正是人们对健康的追求。它的出现回应了人们想变得再瘦一点、想少吃点但又不觉得饿、想在健康检查中

获得一个好结果等需求。这与健康食品、保健品在发达国家被视为生活必需品的原因是一致的。

另外一点，就是人们对紧急食品的需求。由于世界各地随时都有可能会发生灾害、战争和饥荒，因此，能够迅速满足营养需求的紧急食品是每家每户都需要的。

想要在这块市场取得成功，必须开发出完成度高且能够确实保证营养吸收的产品。如果想要打开海外市场，那还需考虑到产品在成本方面的优势。只有解决了营养和成本的问题，在此基础上再提高口味，保证产品对健康的效用，才能抢占市场。以现有的食品原材料和技术来说，想要开发出既具有划时代的品质，又能在成本上保证竞争力的产品，几乎是不可能的。因此，在获得卫生许可的基础上，研发出全新的食品原材料和加工方式，才是成功的关键。

困难虽然很多，但市场是巨大的。据估计，全营养食品的市场最少也能达到 53 兆日元。在美国，仅仅是保健品就拥有 10 兆日元的市场。在经济总量仅次于美国的中国，其市场规模也达到了数兆日元；并且，这两个国家的市场都呈

**市场攻略**

- ☑ 提高营养层面的完成度
- ☑ 强化成本方面的优势
- ☑ 丰富食品的口味与功能

现出持续增长的趋势。在日本，标榜强身健体、预防亚健康的保健食品，拥有 1 兆 4260 亿日元的市场（根据 2018 年富士经济市场调查公司的调查），并且其目前的增长势头依然强劲。

| 市场概要 | |
|---|---|
| | ● 以品尝美食为目的的旅行日益增长 |
| | ● 日本观光以海鱼为主打的可能性 |
| | ● 在港口附近就地消费 |

外国游客到日本旅行的一大理由就是“美食”。我们把以美食为目的的旅行称为美食旅行（Food Tourism）。可以说，从日本观光立国的发展方针来看，美食旅行是不可或缺的重要组成部分。

在发达国家意大利，人们把这种旅行称为农业休闲观光之旅（Agritourism）。它是指旅行者住在农场自家经营的民宿、享受当地出产的美食和红酒的一种旅行方式。

如今，人们的消费习惯正在迅速从有形的物质消费转变为无形的兴趣消费。以日本的情况来说，想要把美食之旅做成一项产业，就应把美味的海鱼作为主打项目。如此一来，能够品尝到当地、应季新鲜海鱼的地方店铺，就会慢慢成为美食之旅的主角。只要抓住旅行者的“胃”，就能带来回头客。美丽的风景总会看腻，但美味的食物可不是轻易就能吃腻的。

每个地方都有当地特产的鱼类，这是美食之旅的基础。如果是外国人喜欢吃的鱼类，那么渐渐也会受到日本人的欢迎。鱼虽然还是以前的鱼，但转身就能变成高级食材，新市场也将由此诞生。只要美食在外国人中间口口相传，就能带动日本人的消费。如果能顺势获得日本国内旅游市场的认可，美食之旅的市场也将进一步扩大。与需要大量固定食材的连锁商家不同，如果能集中整合各个地方的餐饮店铺，日本美食之旅的版图也将持续扩张。

如此，渔业工作者的收入将有所增加，可持续发展渔业也将成为可能，对日本渔业协会来说，可谓是获益匪浅。此外，这与日本政府确立的降低食品浪费率的方针也是相一致的。

过去，渔业协会只收便于在市场上流通的鱼类，而捕获量少但十分珍贵的鱼类由于流通不畅，一般都会面临被扔掉、被退回的命运。事实上，目前在日本捕捞的海鱼中有35%都是被扔掉的。鉴于日本总是偏好捕捞金枪鱼和秋刀鱼等特定鱼类，因此，这将很难在美食旅游项目上拔得头筹，同时也不免陷入与邻国的竞争当中。

让访日游客品尝美味且珍贵的鱼类，首先需要创建零浪费手机销售应用软件和捕鱼信息系统；只有掌握了具体在哪一港口能够捕获哪种鱼类的信息，才能向有特殊鱼类需求的餐厅和游客传达准确信息，从而降低捕鱼的废弃率。此外，如果系统同时还能处理餐厅的预约和支付服务，对游客来说则更加便利，商家也更容易收获好评。

另外，在港口附近就地消费也是美食之旅的发展秘诀之一。要做到这一点，需要确保当地餐厅聘有擅长烹饪多种鱼类的厨师。烹饪手法倒不一定局限在日式做法，无论是意式还是中式都可以。若能够找到这样在当地开店的创新型人才，希望政府也能进一步完善相关的企业扶持政策。

除餐厅之外，当地的住宿也需要进一步完善。让游客住在当地，是提升游客人均消费额的关键。这样不仅可以保证住宿费的来源，游客的用餐次数和酒水消费也将更为可观。

2019 年外国访日游客的餐饮消费已经超过了 1 兆日元，但其中大部分都集中在了东京和关西地区的大都市圈。发展美食旅行能为日本吸引更多的外国游客。不仅如此，外国游

**市场攻略**

- ☑ 取得渔业协会的理解与支持
- ☑ 懂得烹饪特殊鱼类的人才
- ☑ 降低食物浪费率的技术
- ☑ 改善住宿条件

客的旅行目的地也将不再仅仅局限在东京、京都和大阪的黄金路线，而是更加多样化，深入到日本全境。

以上发展路线并不仅仅适合渔业领域，农业领域同样适用（参照“农业休闲观光之旅”项目）。

在到日本观光的外国游客中，有些人对食材的要求比较特殊。因此，商家应该充分考虑到素食主义者（Vegetarian）、严格的素食者（Vegan）和穆斯林等人群的需求，准备相应的食材与美食。今后，类似这样的特殊食材市场、在外就餐市场和外卖市场，同样拥有巨大的市场潜力。

此外，针对食物过敏，商家也要提前有所准备。未来，我们期待商家能够完善在过敏源测试和专向食品方面的服务，并及时向顾客提供必要的医疗信息。

## 015 基因编辑食品

### 期望值较高，但消费者能否接受依然未知

**市场概要**

- 通过基因组编辑技术提升农作物的口感与功效
- 即将走向流通市场
- 期待产品扩大出口

目前，基因组编辑技术正在动植物食品研究中不断取得新的进展。基因组编辑技术与过去的转基因技术不同，通过这种新技术进行品种改良的农产品，不久即将进入流通市场。

当下，全球各地的大型食品制造商都积极投入到了对农作物的基因改良研究工作中。其中，由日本大学主导的创新企业等正在积极推进基因编辑食品的商品化进程。

如今，全球食品市场正呈现出快速增长的趋势。至 2020 年，预计全球市场将达到 680 亿日元。如果通过基因组编辑技术能够生产出口感丰富、营养价值高、产量高的食品，那么其独特的竞争力或许能够带领已呈现出疲软态势的日本农业出口再次回到增长轨道上来。

日本厚生劳动省对日本农业重回世界前列抱有较高的期望。因此，相关部门已经在着手准备销售基因编辑食品前必须申报的项目公示和注册工作。

如此一来，日本今后的基因编辑食品就会像转基因食品一样，在进入市场时，不仅不需要专门申报，就连在食品和包装上也不用特意标明产品是否使用了基因组编辑技术。这是因为，该技术并不意味着添加重组基因，我们可以把它看作是对以往作物品种的改良，或是基因突变。

不过，尽管这样并不等于故意改变食品种类，但如果什么都不标注就让食品走向市场，有部分消费者总会感到不安。因此，基因编辑食品究竟能否经受住市场的考验，还是一个未知数。

在日本，由于这类产品都是由大学和大学主导的新兴企业在研究，因此基因编辑食品作为一项产业能走多远，也需要长时间的观察。

需要注意的是，如果基因编辑食品和农作物真的被市场所接受，那么它们将很有可能完全取代现有的农作物。届时，如何保存现有农作物的原有品种，又将是一个新的问题。

**市场攻略**

- ☑ 得到消费者的理解与支持
- ☑ 大企业的积极投入

# 016

# 大麻油 医疗效果已获世卫组织承认

**市场概要**

- 世卫组织承认大麻油的医疗效果
- 世界性的“绿色热潮”
- 大麻油和大麻油巧克力等相关产品

大麻油（Cannabis Oil，缩写为 CBD）是存在于大麻茎或种子内的一种成分，其医疗效果已经获得了世界卫生组织（WHO）的承认。

据说，喝下混有大麻油的饮料，人就会感到放松，或者陷入深度睡眠。此外，大麻油在治疗癫痫和抑郁症方面已经取得了不错的疗效。目前，医疗领域十分关注大麻油的功效，且各组织都在积极研究，期待它能在其他疾病的治疗上也有相应的效果。

2017 年 9 月，由于人们不再认为大麻油具有提高运动能力的效果，因此世界反兴奋剂组织（WADA）决定将大麻油从禁药名单中删除。

2019 年 4 月，43 岁的高尔夫球手泰格·伍兹（Tiger Woods）在美国大师赛上王者归来，再次夺冠。在比赛中，伍兹曾多次咀嚼口香糖。美国高尔夫杂志曾经报道，认为口香糖中或许含有大麻油的成分。在高尔夫比赛中，选手的心理状态对比赛发挥至关重要，因此，在比赛中摄取大麻油或许能够带来放松的效果。虽然事实究竟如何尚无定论，但即便口香糖含有大麻油，既不能算违法，也不算使用兴奋剂。

大麻油不会产生醉人的效果。在大麻的成分中，有醉人效果的是从大麻穗、叶子和根部提取的四氢大麻酚（Tetrahydrocannabinol，缩写为 THC）。因此，大麻油一般被称为医疗大麻，而四氢大麻酚则被称为嗜好大麻。虽然都是大麻中的成分，但在日本购买大麻油是合法的，而购买四氢大麻酚则是违法的。

现在，世界很多国家都十分关注大麻油的效果，期待大麻产业能够成为经济成长的引擎，这种现象被称为“绿色热潮（Green Rush）”。例如，2018 年以密歇根州为首，美国的几个州政府和加拿大已经在医疗和嗜好两方面对大麻实行了解禁。

目前，在日本可以购买到大麻油和大麻油巧克力等产品；今后，相信日本将会进口更多在全球急剧增长的各种大麻油相关产品。

但是，在进口时需要特别注意分辨产品中是否混入了四氢大麻酚。据报道，在美国等国家销售的大麻油产品中，有时就混有少量的四氢大麻酚。如果产品进口到日本，必须注意彻底清除这种成分。

现在，日本允许在持有许可证的前提下，以采集大麻油为目的进行大麻种植。种植许可严格规定，种植者仅能使用含有大麻油的大麻茎和种子。对于含有四氢大麻酚的大麻穗、叶子和根部的处理方法，相关部门需要加以明确；如何防止种植中的大麻被盗窃，政府机关也需要给出具体的对策。由于种植标准不可能放宽，因此想要取得大麻种植许可，必须做好相应的心理准备。

**市场攻略**

- ☑ 大麻油相关产品在全球增长迅速
- ☑ 彻底杜绝四氢大麻酚
- ☑ 大麻种植许可制度

**市场规模**

**2025 年**

**1 兆日元**

**据日经 BP 综合研究所推测**

**市场概要**

- 维持老年人健康
- 社区建设
- 宠物环境物联网
- 宠物应急训练机构
- 可携宠物用餐的餐厅

最近，独居老人越来越多。这种现象不仅出现在东京等都市地区，在地方和农村也呈现出同样的增长趋势。事实上，独居老人的时代趋势是无法阻挡的。不仅是在日本，在其他国家也是如此。老人独居，一方面对身心健康有损，由于这个群体更容易成为犯罪目标，因此危险性也很高；另一方面，如果独居老人去世，这往往也很难让人察觉。

为了解决这一社会问题，有人提出了鼓励老年人养狗的办法。老年人养狗，其实好处多多。

首先，养狗有利于维持身心健康。由于养狗

需要每天出门遛狗，这对运动量不足的老年人来说，有助于维持身体健康。

通过遛狗，人与人之间会产生更多的共同话题，甚至彼此成为朋友。在散步途中，老年人之间相互交流的机会将有所增加，这有助于促进老年人的大脑活动。

随着交际圈的扩大，逐渐会形成社群。当人与人之间的关系变得紧密，老年人就会通过社群参与到更多的聚餐和各种活动当中，这也将带来抗衰老的效果。

狗狗本身也具有心灵治愈的作用。饲养狗狗有助于培养主人的生活责任感。此外，养狗也能帮助守护老年人的安全。当遇到老年人心脏病发作晕倒等紧急情况时，狗狗会大叫来寻求帮助。经常一起遛狗的群体如果某天没有看见老年人的身影，也会担心他是否发生了意外。

养狗的好处很多，但是当养狗的老年人越来越多时，我们会发现社区内的基础设施并不完善。在很多情况下，让老年人带狗散步的专用道和公园等场地并不完备；能让狗主人相聚的专用场所基本没有，而允许带狗进入的餐厅也是少之又少。

**市场攻略**

- ☑ 把宠物当作家人
- ☑ 完善周边设施
- ☑ 实现宠物零杀戮

因此，当有地方政府注意到养狗对老年人的好处时，他们就会开始投资建设养狗友好型社区。未来，或许会出现倡导“养狗友好”的地方政府，这一行动的目标是创建安全社区，造福养狗的老年人群体。

# 018 现场娱乐 满足人类的自然欲望

市场规模

## 2018 年日本国内市场约

## **5685** 亿日元

出处：琵雅株式会社

较前一年增长 10.4%，其中音乐市场达到 3776 亿日元（较前一年同期增长 8.9%），舞台市场达到 1909 亿日元（较前一年同期增长 13.3%）

市场概要

- 自 2016 年起市场连年创新高
- 虚拟世界无法代替的体验

在当下这个数字化的社会中，“现场娱乐”曾被有些人认为是过时的，但事实恰恰相反，现场娱乐市场反而呈现出增长趋势。根据日本琵雅株式会社从 2000 年开始的市场调查显示，2018 年，日本国内市场已经达到了 2000 年的两倍。我们相信，由于现场娱乐能够提供网络和虚拟空间无法提供的真实体验，因此其今后的市场必将继续扩大。

想要感受只存在于当时、当地的现场体验，这是人类自然的欲望。本来，娱乐的商品价值就在于能够体验到非日常的感觉。有些内容虽然随时随地都能看到，但如果只是停留在显示器上的话，并不一定能够满足人们对真实体验的需求。在如今这个物质和服务都极大丰富的社会中，人们特别想要的商品正在慢慢减少，物质消费也正逐渐变成兴趣消费。其中，现场娱乐就是兴趣消费的典型。

此外，我们还应特别关注到两个关键词。第一个是综合度假村（Integrated Resorts，缩写为 IR）。伴随着《综合度假村筹备推进法案》的通过，日本马上会有 3 家新设施准备开业。据说，包括周边设施在内，这几家度假村的投资额都在 1 兆日元的规模。虽然这项度假村推进法案也被称为赌场法案，但其实度假村的大半面积都将被酒店、会议中心和购物中心所占据，能吸引旅客的正是这种现场娱乐。法案还规定，赌场面积不能超过度假村总面积的 3%。其实，美国拉斯维加斯在 20 世纪 90 年代经济腾飞的一大原因，就是引进了像大卫科波菲尔和太阳马戏团这样的新型现场演出，由于没有年龄限制，因此演出受到了观众热烈的追捧。最近，音乐剧也渐渐成了综合度假村的必备娱乐项目。

第二个关键词，就是外国观光游客。由于日本政府希望未来访日游客能达到 4000 万人次，因此，政府准备进一步扩

**市场攻略**

- ☑ 借助科技手段创造新型演出项目
- ☑ 吸引外国观光游客
- ☑ 改进促销和购票手续

大日本的夜间经济和娱乐产业。目前，新宿的机器人餐厅和丰州的身临其境美术馆（TeamLab Planets）就因将科技与新型娱乐相结合而受到了外国游客的欢迎。关于日本传统的歌舞伎和其他演艺项目，虽然在语言上存在一定障碍，但是由于漫画、动漫和游戏等娱乐形式在一定程度上填补了这种缺憾，并因此诞生了新的节目，从而吸引了海外游客的目光。

## 019 运动网络

### 业余选手也能吸引世界的目光

市场规模

**世界前五大球类竞技人口**

**达 9.75 亿人**

**前五大球类运动指篮球、足球、板球、网球和高尔夫球**

**据日经 BP 综合研究所推测**

市场概要

- 让业余选手的比赛成为世界大赛的一部分
- 借助网络力量或有可能实现

在各项球类竞技活动中，只有不足 0.1%的专业选手能靠运动挣钱，其余 99%的人都止步于业余选手。在网络上，你可以找到不计其数的业余选手的运动视频。

如果能把这些视频集中起来，由专业的运动评论家在观战后对选手实力进行判断，就可以从中选出一支优秀的队伍。重复利用这种甄选方式，就能从地区代表中选出国家代表。假设期间能够找到赞助商，也可以举办实际比赛。最后，说不定就能办成一场真正的世界大赛。

在收入分配上，既可以采用根据视频浏览量来把广告收入返还给各支队伍的方式，也可以通过众筹，单独支持某一支队伍。

进一步来讲，伴随着 5G 等网络技术的进步，或许虚拟世界大赛将不再遥远。比如，让日本和巴西两国的选手分别站在各自国家的球场上，选手们各自踢球，借助网络技术进行剪辑，就能实现看起来好像真的在实际对战一样；通过在全世界转播剪辑视频，就完成了一场虚拟世界大赛。

目前，在游戏领域，借助增强现实技术（AR）和虚拟现实技术（VR），已经实现了远距离对战。选手们虽然相距遥远，却能在游戏里体会到近在眼前的感觉。但是，想要在流行的球类运动中也实现相同的效果，从技术上来说条件还不够成熟。如果未来球类运动也能实现远距离对战，那么这或许将会带来比现在的专业运动还要广阔的市场。

能够承担起这类运动网络市场的潜在企业，应该是像脸书（Facebook）和微信（WeChat）这种社交网络（SNS）巨头。事实上，已经有很多人在社交平台上慢慢参与到了网络运动中，他们或是在网上观战，或是对赛况进行评论，这就是社交平台的优势。

但是，很多欧美国家的社交平台在中国无法使用，让其他国家的人都使用中国的社交平台也不太现实。如何超越国家壁垒是今后需要解决的问题之一。或许，由亚马逊（Amazon.com）公司计划借助通信卫星建立的全球网络能够实现这一目标。

**市场攻略**

☑ 优先使用全球性的网络服务

☑ 利用虚拟现实技术

“装备沼泽”一词，专门用来形容“持续购买新装备的人群”。其中，“装备（Gear）”一词来自于英语，一般指潜水所必需的特殊装备。因此，像露营、钓鱼和骑行等需要使用特殊器材的运动也被统称为“装备系运动”。关于“沼泽”的来源，则是因为我们把不断购入新装备的人形容为“陷入了装备的沼泽”，所以形成了“装备沼泽”一词。

对“装备系运动”感兴趣的人群通常会按照特殊的价值观来选购新商品。首先，他们讨厌“扎堆儿”。陷入装备沼泽的人一般在露营的时候会选择避开其他人的帐篷。在购物时，他们也会显示出这种倾向，比如，日本露营装备品牌雪诺必克（Snow Peak）就把收集运动装备的人群亲切地称为“必克人（Snow Peaker）”，虽然很多人喜欢这个品牌，但为了避免“扎堆儿”，他们还是会同时购买国外品牌的商品，比如来自丹麦的大白熊（Nordisk）和来自瑞典的希勒贝里（Hilleberg）。

其次，这类人群在装备上有特殊的讲究。比如，有些人不喜欢碳素鱼竿，只喜欢用由专门的工匠制作的定制鱼竿。此外，装备与社交平台也密切相关，这是因为有些人选择装备的标准是看它能否在社交平台上获得大量好评。如此，这类人群在选装备时，往往最先看重的并不是它的功能与性价比。

由于以上这些特性，新装备很难变成生活必需品，因此也不易被卷入价格战当中，而装备爱好者也不会因为以便宜的价格买到旧版本或二手货而感到满足。在这个行业中，很难形成寡头垄断，由于像帐篷和自行车等装备需要很多各种各样的小零件，所以行业中存在很多小型私家品牌，它们只按照小规模生产少量的优质户外装备。只要你有自己擅长的技术领域，那么想要进入这个行业还是比较容易的。

# 拥有强烈意识的商品

## 消费者选择商品的标准发生巨大变化

有人把倾向选择像无印良品这类简约、带有自然气息商品的年轻人称为“拥有强烈意识”的人。虽然听起来似乎带有一点嘲讽语气，但实则不然。能够受到“拥有强烈意识”的年轻群体所青睐的商品，其本身也能成为一个新兴市场。实际上，不仅是年轻人，消费者选择商品的标准已经发生了巨大的变化。有一个词叫作“环保消费”，这是指消费者倾向于选择无添加的食品或采用天然原料制作的化妆品。有这种共同倾向的人群，更愿意积极地参加到相关社群活动中。此外，产品成分的可追溯性也成了消费者选择与否的标准之一。

如果从消费者的角度来看待可持续发展目标以及环境、社会和公司治理这类词汇所表达的时代浪潮，或许就能发现新兴市场的踪影。在各个不同的领域中，欧美企业已经先行一步，而日本似乎已经落后于人。

目前，海外企业在制订活动计划时，都会把向社会作贡献作为自己的经营战略。例如，很多企业推出了任务经营模式，以动物保护或改善发展中国家恶劣环境为目标，在制定公司成长战略时，特别注意打造企业的品牌形象。

相比之下，很多日本企业认为把赚来的钱返还给社会就是为社会作贡献。例如，无印良品公司就明确提出了这样的经营战略，从而获得了很多“拥有强烈意识”人群的支持。

市场概要

- 到农村、渔村旅行，亲身体验农家生活
- 短期停留或留宿当地
- 政府放松各种管制

“农业旅游”一词是由“农业”（Agriculture）和“旅游”（Tourism）两个词组合而来的。它是指居住在城市的人们或家庭前往农村或农场的一种旅游方式，如果时间允许的话，人们将在当地短暂停留，亲身体验种植、收割等农业活动。有时，这种旅游也被称为“绿色旅游（Green Tourism）”。此外，渔村和牧场也可以算作是农业旅游的候选目的地之一。

农业旅游的目的包括促进都市圈和地方人民之间的交流、带动地方经济发展、通过现场体验达到教育效果以及通过接触自然达到心灵治愈等。在这里面，无论哪一个目的都同等重要。

事实上，为了推进农业旅游，日本农林水产省早在1992年就提出了“绿色旅游”的方针。农林水产省把日本境内的200个地区设为旅游示范区，制定了《农林渔村休闲法》，并在一定程度上放松了对各种措施的管制。

但是，有时候游客的出行目的与当地的农

家、乡镇的设想并不一致。要让人们了解这些举措，还需要一定的时间。

即便如此，以2030年为目标，农业旅游的发展前景还是十分不错的。首先，是教育层面的可能性。人们常说，体验型授课十分重要，因此可以考虑将农业体验正式列为课程的一环。

最近，人们越来越重视在自然中进行学习的意义。不仅是与农业相关的学习，最近还出现了“区域性未来留学”的项目，即让学生来到小岛或地方的公立高校实地学习。

其次，就是入境旅游（Inbound）的大趋势。近来，有部分访日观光游客会特意避开大都市和著名城市，专门前来体验农村生活。因此，意识到这种返璞归真旅游热的商家新近开发了不少复古的民宅酒店。

对居住在都市圈的人们来说，城市已经让人感到厌倦，前往农村、亲近自然、与生物亲密接触，才是今后的旅行趋势。

最后，信息技术将如何在未来的旅行市场发挥作用也备受人们期待。通过远程存在（Tele-Existance）和触觉反馈技术（Haptics）等新科技，就能打造人在都市但身体却好像到达了远方的体验。例如，通过共享农村的一部分田地，就可以让观众借由网络实时观察农作物的成长，等收割后，观众还可以自行购买这些农产品。这种虚拟农业旅行的体验不仅可以增加对人们对农业的兴趣，更能吸引他们来到现场，亲身体验。编者认为，这种引导线路是完全有可能实现的。

目前，日本的农业旅游市场为500亿~1000亿日元，5年内，这个数字或将达到现在的1.5倍。

**市场攻略**

- ☑ 与教育合作
- ☑ 入境旅游
- ☑ 引入新科技

# 023 科技艺术出口

## 由研发所创造的产业艺术在世界范围内兴起

市场规模

**世界艺术市场**

**7兆日元**

出处：日本文化厅 2016 年

市场概要

- 此前这类产品即使购买后也无法售出
- 日本科技 + 艺术 = “科技艺术”
- 把研发直接变成作品
- 品牌效应也随之提高

目前，世界各地对由日本艺术家所创造的新媒体艺术（Media art）和装置艺术（Installation art）需求越来越大。各种流派的日本设计师都对艺术表现出巨大的热情，他们的名字也随之在世界范围内广为人知。

每年 4 月，在意大利的米兰都会举办设计庆典——“意大利米兰家具展览会（Salone del Mobile. Milano）”；每年 12 月，在美国的佛罗里达州也会举办设计与艺术相融合的大型活动——“迈阿密设计周（Design Miami）”。最近这几年，日本的设计师和企业都积极地参与了这些盛会。因此，带有禅意的日式朴素之美和来自日本独特文化的世界观，正在慢慢被世界所接受。借此机会，能够精巧地再现朴素之美的日本数字技术和制造技术也开始逐步走向世界。

作为这支队伍的急先锋，TeamLab 可以说是日本数字艺术的领头羊。目前，该公司在上海、新加坡和伦敦等世界范围内都进行过艺术装置展览，内容则充分利用了他们自己设计的素材，吸引了很多的观众。

在产品领域，由世界级的日本黏土设计事务所（Nendo）等公司制作的椅子和各种产品正在意大利米兰家具展览会和其他各种活动中进行展示，其中，很多作品最终都会通过经销商之手被收藏家和美术馆以高价收购。

这类作品属于借助高科技完成的新媒体艺术，也可以在一定程度上进行批量生产，与传统的艺术品截然不同。在看到先行者们的成功之后，如今，有越来越多的年轻设计者愿意参与到这块新兴市场中来。通过与日本制造业的研发（R&D）能力强强联合，年轻设计师也能创造出高水准的艺术作品，并在市场上获得认可。

现在，作为环境、社会和公司治理工作中的一环，企业通过艺术向地区作出贡献的意愿越来越强烈。如果日本企业能够提出在一定程度上可量产的科技艺术方案，并实现销售、组织一条龙服务的话，日本的出口市场将进一步扩大。

攻占市场的关键在于严格管理产品版本、避免大量生产。当然，企业也可以制作面向特定团体或个别富豪的定制产品。

由于这类产品并不会在市场上大量流通，因此，充分活动设计师的右脑、创造高品质的设计是十分必要的。

**市场攻略**

- ☑ 产品版本
- ☑ 个性化
- ☑ 高端市场

市场概要

- 日式生存之道乃日本的魅力之一
- 日本的粉丝就是日本的顾客

编者希望从日本传统的思维方式与生存方式这个广义的范围上展开探讨。

在日本经济高速成长的时代，日式经营理念曾获得了全世界的关注与赞赏；但是，伴随着日本经济成长的放缓，人们逐渐开始“忽略日本（Japan Passing）”，或者说对日本视而不见。

与此同时，很多人由于对日本动画、漫画、美食和日式乡村感兴趣，为了体验原汁原味的日本，而选择到日本旅游。其实，在经济和商业经营这方面，日本也有其独到之处。据说，在日本，百年以上的老字号企业和店铺就有近 10 万家。这些老字号大多并不追求短期利益，反而更注重员工的需求；在此基础上，由于赢得了顾客的信赖，企业不仅获得了利益，也得以长久生存。

世界各国都有其独特的思维方式与生存方式，虽然编者并没有评判其孰优孰劣的意图，但在这里还是有必要思考一下，日本能向世界输出怎样的价值观呢?

居住在经济急速成长的新兴国家的人们，总有一天也会遇到经济发展的瓶颈，看到近代化的弊端。如果世界人口保持现在的增速，那么未来地球整体也将变成一个岛国。到那时，岛国日本的思维方式与生存方式或将影响世界，这其中包括知足常乐、不浪费和共存共荣等内容。

因此，我们既不用对日本的优点大张旗鼓地宣传，也不用强硬地将其向世界输出。我们先要让世界了解日本的优点，再慢慢培养了解日本的群体，这才是正确的开始。

了解日本的关键就是日语。类似“托您的福”“您辛苦了”这种日语，暂不论其好坏，其中就包含了日式的思维方式与生存方式。

在北海道旭川郊外的东川町，建有日本首家公立日语学校。短期留学生到日本后会住在东川町，同时学习日语。虽然这并不是全部的原因，但东川町的人口的确呈现出上升趋势。

这里编者可能有点啰唆，但是了解日本的人或将慢慢都移居到日本。如果日本的粉丝有所增长，那么购买日本商品

**市场攻略**

- ☑ 满足对日本感兴趣的人群的需求
- ☑ 完善日语教育

的顾客群体也将随之上升，并在世界范围内主动向他人推荐。如此一来，并不以经济为导向的努力最终也会带来经济上的效益。

市场规模

**全球Z世代人口**

**约20亿人**

出处：日经BP综合研究所基于《世界统计2019》（日本总务省统计局）的推算

市场概要

- 与Y世代截然不同的消费习惯
- 先头部队已经超过20岁
- 全球约有20亿人
- 数字原住民世代

作为新近崛起的消费主力军，“Z世代（Generation Z）”的出现越来越引起人们的关注。关于“Z世代”一词的定义有多种说法，其中一种认为，Z世代主要是指生于1990—2010年的年轻群体。在日本，这个群体约有1800万人口；从全球范围来看，其人口总数可达到20亿以上。

Z世代是属于数字原住民（digital native）的一代，从他们出生开始，互联网和社交软件（SNS）等交流网站就已成为生活中理所当然的一部分。因此，他们与之前的“Y世代（千禧一代）”

拥有截然不同的消费习惯。如今，Z 世代的先头部队已经超过 20 岁并逐渐走入社会，这当中或许也暗藏着新的商机。

Z 世代群体社会意识较高，对他人的偏见较少，其消费特征是“具有强烈的自我意识”。不知是不是由于这代人曾亲眼目睹了 2008 年世界金融危机的缘故，Z 世代被很多人认为是吝啬花钱的一代，当然也有部分人并不同意这一观点。

根据号称“最了解社交原住民的‘现在’与‘真心’的媒体”——“Z 世代会议”网站的调查显示，当被问到自己的消费观时，很多 Z 世代回答道，“喜欢消费”“只要自己喜欢就好，不是名牌商品也无所谓”“喜欢用各种优惠券和积分返点”。从中可以看出，尽管 Z 世代对品牌并没有那么热衷，但绝不意味着他们讨厌消费，相反，对于那些自己认可的商品和服务，他们是非常舍得花钱的。

如何吸引 Z 世代年轻人的目光是市场营销的新课题。由于这代人从小就擅长利用智能手机收集信息，因此，如果企业总是单方面地做广告和宣传，反而会让他们觉得可疑。在选择商品和服务方面，这代人更容易受到与自己品位相同的

**市场攻略**

- ☑ 提供共鸣
- ☑ 名牌之外的附加价值
- ☑ 开展新的市场营销

某个特定人士或拥有影响力人士等的影响。

在电视广告等传统市场营销方式已经日渐式微的当下，有很多企业希望依靠一对一营销（One-To-One Marketing）和影响者营销（Influencer Marketing）等新型营销手段抢占市场，但实际上市场仍有很大的发展空间。编者认为，只有深刻理解 Z 世代的本质，创造出能令他们产生共鸣的营销方式，才是开拓市场的关键。

# 直面消费者的销售模式

## 向消费者直接销售产品或服务

市场概要

- 把商品直接送到消费者面前
- 除商品以外，服务也能送货上门
- 大型企业或个人的参与

直面消费者（Direct to Consumer，缩写为DtoC）是指公司自己承包了商品设计、制造并构建了以网络销售为中心的销售渠道，最终向消费者直接销售商品或服务的一种商业模式。目前，硅谷的新兴科技公司大多采用这种模式，并取得了高速发展。

在这种商业模式下，公司不仅可以大幅缩减在销售渠道上不必要的管理费用，保证商品的价格优势（Price）；通过直接与消费者对接，公司也能轻松了解顾客的需求，从而提高自己的商品开发能力（Product）。此外，由于不再依靠其他销售渠道，公司还能同时监管自己的品牌管理和市场营销（Place & Promotion）。

在以上4P市场战略的基础上，如果再加上与顾客打交道的丰富经验（ExPerience），就是达成5P的直面消费者商业模式。有人认为，这种模式具有破坏传统产业的威力，同时也将促使现有市场结构发生巨大转变。

大多采用此类商业模式的公司都需要建立与顾客的长期关系，因此，多数企业会选择订阅式的销售模式。

由于直面消费者商业模式需要企业与顾客之间建立紧密的联系，或者说企业的营销手法需要进行较大变革，因此，这不仅要求采用此类商业模式的企业紧随潮流，就连为这些企业提供品牌管理和市场营销的公司也应及时进行改革。如若企业能够成功应对新的变化，自然也将迎来新的商机。

进一步来讲，除企业外，通过众包或众筹的方式，个人或也有可能亲自参与设计自己的产品，只要产品能够吸引开发者的目光，那么个人就能筹集资金，最终实现产品的制造与销售。

近年来，除网络科技公司之外，其实还有很多各类制造商都开始采取直面消费者的商业模式。例如，日本的丸井公司最近就采用了新的经营战略，即公司一边向采用直面消费者模式的制造商注资，一边在自家旗下的百货店里搭建专门面向这类企业的“展厅”，进行商品展示。

在海外，法国的欧莱雅（L’Oreal）等大型化妆品制造商也在公司内部设置了直面消费者的专业部门，由此可见，制造商也加入到了网络直销的竞争当中。

**市场攻略**

- ☑ 重新思考企业与顾客的关系
- ☑ 导入订阅式销售模式

据日本经济产业省的统计，日本的电商（EC）市场正在逐年扩大。2018 年，电商市场的交易量甚至达到了 17 兆 9845 亿日元。但即便数额如此巨大，电商市场也仅占了全体市场份额的 6.22%。今后，由于将有更多的制造商采用直面消费者的商业模式，直接参与到电商市场中来。因此，日本的电商市场将获得长足发展。

市场规模

**护理、辅助型机器人**

**2035 年日本国内市场**

**1837 亿日元**

出处：2035 年机器人未来市场预测（日本经济产业省、日本新能源产业技术综合开发机构）

至 2035 年，在日本国内被认定需要第四、五级护理的人口将增至 221 万人，而护理人员市场却至少有 79 万人的缺口。为了满足老年人护理市场、提高护理人员的留用率，我们必须重视对机器人和信息技术的利用。

为了满足老年人的日常护理、洗浴、移动和交流等基本需求，能一手承担起所有职能的全能型机器人备受期待。其市场不仅包括日本，甚至涵盖整个“老龄化的世界”。

多功能型护理机器人既能看护老人，与老人交流，还能帮助老人完成转移、移动和洗浴、排泄等，满足多种生活需求。考虑到护理机构的数量和机器使用的便捷性，引入多台单功能的机器人反而不太划算。

虽然全能型机器人的开发和实现比较困难，但是伴随着科研人员在机器人帮助转移（安装、卸下）、帮助移动（户外、屋内、安装）、帮助排泄（处理排泄物、厕所引导、动作支撑）、看护与交流（辅助设施、家庭与生活）和洗浴等领域所取得的进展，其中有部分功能已经实现了应用。

**市场攻略**

- ☑ 实现支持看护、移动、洗浴和排泄辅助等多功能的机型
- ☑ 让护理人员不操心的安心设计
- ☑ 尽可能降低机器使用费用

如何提高护理质量是当下迫切需要解决的问题，因此，我们需要针对科技能够在护理领域发挥的作用展开全方位的探讨。例如，在夜间换尿布对护理人员来说是一项十分繁重的任务，如果能用机器替代人力，那将让很多护理人员大松一口气。考虑到老年人和护理人员的生活质量，这项科技简直可以被称为是一种安神药。此外，根据改善患有认知障碍人群的护理法则，虚拟现实服务或将作为礼貌贴心的护理人员出现在护理市场。简单来说，就是让人工智能学习护理理论、掌握与人对话的技能。这样，即便老人与子女相隔一方，也能通过视频聊天，享受天伦之乐。或者，通过虚拟现实技术，人工智能也可以在老人面前重现家乡的画面，宽慰老人的思乡情绪。

市场规模

**日本国内殡葬经济的市场规模**

**4兆日元**

出处：《50岁开始的“劳动力”》（大前研一著，小学馆）

**市场概要**

- 今后30年间丧葬市场将持续增长
- 丧葬费用已达到行业天花板
- 市场按照高单价、新形态继续发展的可能性

根据2018版老龄化社会白皮书报告显示，2015年，在日本65岁以上独居的老年人中，男性约为192万人，女性约为400万人。老年人口占总人口比重分别为：男性占13.3%，女性占21.1%。到2040年，这个比例仍将大幅上升。为了应对独居老人的孤独死亡问题，目前，身后事综合服务市场也在急剧增长。

伴随着超老龄化社会的发展，今后30年，丧葬市场将继续扩大；另一方面，由于单身人口的增加，丧葬费用基本也将达到行业天花板。此外，虽然相关企业在目前的丧葬市场中也导入了新技术，但实际用户数量并没有大幅上升。

不过，今后的丧葬市场将很可能以宇宙葬、树葬和海洋骨灰撒播等新形态、高单价的形式获得进一步发展。

此外，2030 年之后的火葬场或将发生供不应求的情况，人们需要排号慢慢等待火化的时间。为了解决这一问题，在遗体等待火化期间，能够暂时保管遗体的“逝者旅馆”等遗体安置经济或将有所发展。

当创造一项新型服务项目时，管理者有必要向服务使用者展示，一旦申请服务，他们将获得怎样轻松便捷的体验。

人生百年，在最后的时刻，每个人都会陷入非健康的状态。因此，从业者有必要在此之前找到客户，阐述服务内容并最终取得他们的订单。

事实上，目前也有日本企业通过利用信息技术找到了新的商机。例如，镰仓新书公司旗下就有一个门户网站，专门负责运营丧葬、佛龛和墓碑等事宜。

**市场攻略**

- ☑ 宣传服务项目的轻松便捷
- ☑ 尽早争取客户
- ☑ 利用信息技术增加服务附加值

# 030 身后事综合服务（资产、资金等）

## 如何回应明确的市场需求

**市场概要**

- 与身后事相关的资金、资产管理服务
- 多家金融机构涉足反向抵押贷款

除丧葬与墓碑服务之外，身后事综合服务中还包括必要的资产与资金管理服务。对独居老人来说，只有首先保证了自己的生活资金，才能丰富日常生活，安心地处理身后事宜。

老人的需求十分明确，而反向抵押贷款（Reverse Mortgage）正是市场对这类需求的回应之一。具体来讲，反向抵押贷款是一种以房产作为抵押进行融资的贷款方式，当老人去世后，可以出售房屋以偿还贷款；在老人去世之前，他都可以继续自由地居住在自己家。此外，作为反向抵押抵款的一种变形，老人也可以选择把对单独居住来讲太大的房子进行出租，以房租的形式来还贷。

不过，目前已有多家金融机构涉足此类市场，市场呈现出竞争过剩的红海状态。因此，作为与金钱相关的市场需求，如何让老人不受欺骗、如何在去世前接受让老人完成梦想的资金援助、如何向社会进行有益的捐赠，这些问题都需要进一步探讨。

# 第2章编者姓名一览

朝仓博史
市川史树
岩居浩郎
江田宪治
及川知人
大滝隆行
大塚叶
荻原博之
小谷卓也
神农将史
菊池隆裕
菊池珠夫

木村知史
桑原丰
品田英雄
神保重纪
濑川弘司
高下义弘
高桥博树
德野健一
藤井省吾
藤野正行
丸尾弘志
谷岛宣之

# 第3章

# 人类的数字化与超人化

## 个人信息才是资产

031

# 人类的高度发展

## 最后的尖端领域正是人类自己

市场概要

- 充分利用与人相关的信息
- 锻炼大脑、向超人化发展

科技改变了社会的存在方式，改变了人类的工作方式，也改变了我们的生活方式，但是，科技最终的发展领域（未开垦之地），将是我们人类自己。正如编者在上一章中曾经介绍过的一样，现在越来越多的前沿科技正在逐渐走进健康与医疗领域。今后，科技或将灵活管理我们人类的信息，并将进一步提高人体的机能，从而带来新的市场。

每个人产生或摄取的信息量都是非常巨大的。除医疗数据以外，在每日的工作和生活中，我们都会产生并使用各种数据。通过记录、分析这些数据，就能有效提高生活与工作的便利性。此外，在有些情况下，我们还可以把在可提供范围内的信息出售给外界。

事实上，在这类个人信息中，有很大一部分都是由提供搜索服务或社交软件的网络运营商所收集的。对于这些信息，有些人选择自己保存，有些人则可能根据需要选择出借或销售。只不过，如果由个人管理信息，其工作将非常繁杂，因此，今后很有可能出现信息管理代理服务。

另一方面，关于强化人体机能，首先最令人瞩目的强化对象就是大脑。目前，市场上已经出现了利用脑科学来提高或防止大脑退化的训练服务。

大脑训练究竟能够达到怎样的效果，尚有待讨论，但另一种通过给予大脑外部刺激来提高学习能力或积极性的新技术已经出现。另外，目前科学家正在积极研究如何利用各种辅助机器来强化人体本身的机能。

无论以上哪种技术，其实都是基于“激发人体更多的潜能”“发挥人体真正的力量”这类想法而逐步开发的。伴随着科技与人类一体化进程的发展，我们有必要展开更深入的探讨，制订出具体规则，明确“科技的界限”。

**市场攻略**

- ☑ 积极利用人工智能与信息技术
- ☑ 信息安全
- ☑ 充分考虑个人隐私
- ☑ 伦理问题

市场规模

**至2030年**

**全球市场规模可达**

**10兆日元**

**据日经BP综合研究所推算**

市场概要

- 克隆人般的人工智能将大放异彩
- 克隆代理人将替代本人作出决定
- 私人订制服务

目前，通过数字孪生（Digital Twin）技术，科学家可以将真实世界里的机器和都市等映射在电脑中，即在电脑上建立虚拟版本的真实世界。当这项技术应用在人类身上时，我们称呼人类版的映射为克隆代理人（Clone Agent）。

当个人体验、行动和情感变化等经过数字化处理后，电脑上的人类克隆体将与人类共享这些数据。实际上，克隆代理人是一项拥有学习能力的人工智能。通过不断学习，它不仅能够掌握人类的行动、欲望和感情等因素，还能如本人一般对这些活动进行预测。

此外，人工智能克隆体还能对各种信息、社

会情况、遗产与住宅以及家庭状况等进行实时监测。例如，克隆体不仅可以随时通过本人随身携带的传感器采集行动数据，还能实时收集网络上的公开信息。

其次，由于克隆体能够以超越本人的精准度和更加广阔的视野来掌握周围的信息，因此，它能结合客户的实际情况给出最恰当的建议、推荐或警报。比如，当客户特别想要某件商品时，克隆体能在连本人都不知道的网站上找到它，并将其推荐给客户；当遇到必须由客户作出决策的风险时，克隆体能以超越本人的视野对风险进行感知，从而发出警报，并按照客户的喜好找到可靠的公司来对抗风险。

除此之外，根据情况的不同，有时克隆体还能代替客户完成购买、办理手续和联络等行为。因此，这类克隆体也可以被称为人类代理人。

进一步来讲，克隆体还能在生活或工作上为客户提供全方位的服务，其中包括灵活运用各类服务项目、学习、促进交流、健康管理、安保及掌握家族成员的信息等。通过实时收集与客户有关的信息，克隆体还能按照本人的行为模式对信息进行甄选，从而直接为客户提供解决方案。

**市场攻略**

- ☑ 商业模式
- ☑ 合作模式

虽然像谷歌（Google）、脸书（Facebook）和亚马逊（Amazon.com）这种网络巨头是提供此类服务最优质的服务商，但由于部分用户并不喜欢让这些企业收集自己的信息，因此新兴企业仍然拥有广阔的发展空间。

市场规模

**至2030年**

**2500亿日元**

据日经BP综合研究所推算

市场概要

- P2P模式将更为重要
- 偶遇对象交给人工智能进行挑选
- 对恋爱、工作和兴趣偏好等信息充分准备
- 实时价值的增加
- 以低成本展开服务

“现在从街角走过来的这个人，很有可能就是你的未来伴侣！”将来，当你正用手机听音乐时，突然音乐中断，手机里传来了人工智能的声音。而当你抬起头发现这个人时，他也刚好在看你。一般的人工智能服务，可能只会跟你说“那个人，好像还不错”。但是这次的人工智能将颠覆你的想象，直接找到和你最匹配的那个人。

在不久的将来，通过实时匹配来实现与个人伴侣的相遇或将成为理所当然的事情。除此以外，实时匹配还将在经济方面大有建树，它将帮助企业寻找潜在的优质顾客，或是甄选更优质的供应商。

未来，机器将在更多工作中取代人类，发挥作用，因此，需要与人密切接触的工作将有所增加。而在与人打交道的商业活动中，最重要的就是人与人之间的紧密关系，比如接待顾客、咨询服务与合作等。届时，人们将更为重视实时的价值。因此，人与人之间的匹配服务将变得十分重要。同时，人们也将采用更加准确、灵活的服务，以便达成更高的成交率。

在个人方面，利用人工智能，通过实时、综合解析个人数据，包括个人的行动、对物质的偏好、活动时间、休假日、行动范围、行为模式和年收入等，就能为本人挑选出实时、实地的偶遇对象。

关于匹配对象的范围，不仅包括符合多条个人要求的异性或同性、商场上的潜在顾客或供应商等传统对象，还有与自己志同道合的朋友、谈心的对象以及搬家公司等各种类型的人士。

实际上，有多种类型的企业都可涉足此类市场，比如互联网企业、信息处理平台、通信行业、电子设备企业、相亲公司和人才市场等等。而抢占市场的秘诀，就是在保证实时、高度匹配的前提下，确保自己的服务安全可靠。

**市场攻略**

☑ 灵活运用信息银行

☑ 高速适配的人工智能

☑ 极致的安心、安全管理

市场规模

**至2030年**

**全球市场规模可达**

**10兆日元**

**据日经BP综合研究所推算**

**市场概要**

- 根据个人信用情况进行评级
- 除经济情况外，购物记录和犯罪记录也将影响等级评定

正如我们会给国家和企业进行评级一样，个人等级评定是基于个人的信用情况、活动轨迹、资产和购买力等信息对个人进行等级评定的一种服务。一般来说，我们比较熟悉的是对个人的经济情况、购物活动等与个人经济活动相关的等级评定。

实际上，就像银行会根据个人过去的经济情况、资产状况和就业状态等来判断是否通过他的信用卡申请一样，在实际生活中，个人信用信息已经得到了部分应用。除了与经济相关的数据以外，还有很多数据都会制约个人的行为，成为评定个人等级的数据材料。例如，根据购物经历

估算的购买力、是否有推迟还款等不良记录、行动上是否有反社会性质、个人网络行为以及财政机关、流通领域和网络竞拍市场对个人的评定等等。根据等级评定，商家可以决定个人是否具有预购的资格，银行可以决定是否批准个人贷款、规定个人的决算金额（以信用卡为例是指信用卡的可透支额度）等。

未来，或许还会有商家专门研究犯罪发生率的等级评定项目，根据个人的犯罪历史、社交平台上的发言、交友范围和在购物过程中发生的投诉记录等数据，就能推算出个人的犯罪概率。

如果获得了积极的等级评定结果，就能使自己的经济活动等更加顺畅。因此，未来或将出现用信息换取使用费的服务项目，即受到评级的个人可以积极向等级评定公司提供行为记录、购物记录和经济情况等历史信息，而公司则按信息比例把信息使用费返还给个人。

实际上，这类信息不仅关系到个人的经济情况以及合同贷款，它还将在市场营销方面发挥重要的作用。因此，今后这类基于数据情况的服务必将拥有广阔的市场。

**市场攻略**

- ☑ 在市场营销方面也将发挥作用
- ☑ 信息使用费可以返还给个人

市场规模

**经济成长规模可达**

**132 兆日元**

（2030 年、GDP 实际提升效果）

出处：2017 版日本信息通信白皮书

市场概要

- 灵活使用个人信息（与谷歌、亚马逊、脸书和苹果公司争夺市场）
- 信息银行认证制度
- 个人数据商店
- 数据交易市场
- 人工智能

信息银行，是一种接受个人信息管理委托、同时在必要的情况下向企业和团体等提供信息的组织。其中，个人信息包括客户的属性、行为和购物记录等。换言之，我们也可以把它称为灵活使用个人信息的枢纽。

实际上，很多企业和团体都有可能承担起信息银行的业务职能。首先，承担这类业务的企业和团体有义务根据个人的需求甄选合适的信息提供单位，而该单位则需要向个人返还使用信息的利润。

如果信息银行成立，那么此前由全球网络巨头独占的个人信息将重新回到个人的管控之下，而各类企业和团体将均有机会使用这些个人信息。

到那时，负责管理个人信息的个人数据商店（Personal Data Store，缩写为 PDS）将成为日常生活中的必需品。个人数据商店既可以负责管理与个人相关的信息，也能在个人的维护下向企业传递或销售个人信息。

自 2019 年起，日本颁布了民间信息银行的认证制度，而认证业务由日本 IT 团体联盟负责，首批获得认证的企业有三井住友信托银行和幸福口袋市场营销公司（FeliCa Pocket Marketing）。值得一提的是，即便没有获得认证，企业也可以自行开展信息银行的业务。

信息银行的主要收入来源是通过向企业提供收集来的个人信息而获取报酬，其市场规模由个人信息的数量和价值决定。虽然推算市场规模是一项比较困难的工作，但灵活使用个人信息将有助于打造数据驱动型社会；根据日本总务省的推算，至 2030 年，信息银行的市场规模很有可能达到 132

**市场攻略**

- ☑ 信誉度、安全性
- ☑ 个人利益
- ☑ 数据处理人才

兆日元，这将对国内生产总值（GDP）的大幅提升产生积极意义。

攻略信息银行市场，首先自然是要收集个人信息。因此，企业信誉和企业能向个人输送的利益是抢占市场的关键。其次，想要充分使用个人信息，企业必须配备擅长处理数据的专业人才。

# 036 计算劳动者的市场价值

## 职业发展咨询服务也十分活跃

市场规模

**至 2030 年劳动力人口预计可达**

**6392 万人**

出处：独立行政法人日本劳动政策研究研修机构《劳动力供需预测——根据劳动力供需模式（2018 年度）对未来展开的预测》（2019 年 3 月）

市场概要

- 按一定标准对个人技能、业绩和信用进行评定
- 提升自我市场价值
- 职业发展咨询服务将更加活跃

近年来，社会上出现了按一定标准对个人技能、业绩和信用等进行等级评定的服务项目，该服务对工作方式并无严格要求，无论是公司员工或是自由职业者，均可成为评定的对象。伴随着评定服务的诞生，为了提高个人的市场价值，职业发展咨询市场也呈现出扩大趋势。

为什么会出现这种现象呢？这是因为至 2030 年，日本企业的终身雇佣制度即将走向崩溃，人们也将没有了退休的概念。在各个项目组中，既有把这当成副业的兼职人员，也有从本公司辞职的员工，项目组来源五花八门，这将成为

一种工作常态。

因此，如何客观反映个人劳动力的市场价值，如何明确展示劳动力与企业双方的市场价值，市场对这类服务需求十分迫切。目前，日本厚生劳动省已经确立了一套职业能力评定准则，但其评定对象还局限在几个特定的行业与职业当中。与此相对，像乐天、Mercari（日本二手交易平台）和雅虎等互联网企业早已采取行动，通过人才分析系统和人工智能技术，实现了个人技能的可视化、定量化，并在员工雇佣、分配与评定方面发挥了积极作用。

未来，人才服务企业或将参与到计算劳动力市场价值的事业中来。由于计算劳动力市场价值的工作要求公平、透明，因此它很有可能成为一项受国家认证的新职业。

进一步来讲，为了提高个人劳动力的市场价值，职业发展咨询服务也将变得更加活跃。截止到 2019 年，日本国内已登记的职业咨询师（国家资格）达到了 44000 名；但是由于劳动力市场价值计算服务的诞生，今后或将出现细分类、高精度的职业咨询服务。

其中，对于因为生产和育儿而无法持续工作的女性，以及此前不再有工作计划的老年人来说，这类人群对职业咨询服务的需求特别强烈。今后，伴随着职业生涯的延长，个人接受职业咨询服务的机会也将越来越多。

提起职业发展，除了有形的技能、经验和履历之外，个人的事业观和政府政策等无形条件也十分重要。尤其以日本社会来说，就更需要重新认识后两点的重要性。例如，在普通职业咨询方面，可以设置搭载了人工智能的聊天机器人，让它们代替人工向顾客提供职业发展意见。如此，未来或将诞生许多新型的服务项目。

**市场攻略**

☑ 关注容易忽略的职业

☑ 劳动力的思想改革

市场规模

**至 2030 年遗产规模可达**

**50 兆日元（占 GDP 的 10%）**

结果由日经 BP 综合研究所根据 2016 年富达（Fidelity）退休投资研究所的调查结果（46 兆日元）所推算

市场概要

- 简化遗嘱的建议、制定、保管和执行手续
- 所有手续自动化
- 节约继承人的时间、简化办手续的流程
- 一切由律师、会计师和司法书士代理服务
- 资产转移关系到全民生活

所谓区块链遗嘱信托，是指委托人在专业人士的建议下登录区块链，通过立遗嘱的法律形式而设立的信托。区块链可以保证只有本人才能登录系统，也能防止遗嘱被人篡改。以上所有流程都将通过智能手机进行操作。

当家属向政府机关提交死亡证明之后，智能合约（具有自动执行合约内容的功能）将自动按照遗嘱内容执行遗产分割（金融机构账户中的资产转移、账户冻结）、不动产等资产持有人的名义变更、缴纳继承税等事宜，并办理与政府机关

和退休金事务所的一切相关手续。

与此同时，继承人也可以通过智能手机完成对遗产继承的确认或放弃手续。而按照目前的程序，办理手续需要继承人在遗产分割协议书上加盖自己的印章，并附上印章登记表和本人确认文件等。

区块链遗嘱信托服务将大大节省继承人的手续费以及办理各种手续的流程与时间。例如，如果委托信托银行办理遗产继承手续，银行将向继承人收取约 200 万日元的遗嘱信托费用。因此，只有一部分的富裕阶层才会使用此项服务。此外，虽然在公证处办理自书遗嘱的费用比较便宜，但这项服务在日本并不普及，因此，通过这种方式办理的遗嘱继承案件还不足一成。

除此之外，有时继承人可能还需要花费近百万日元来聘请会计师和司法书士（日本司法人员之一）办理遗产继承相关事宜。

通过区块链遗嘱信托服务，不仅立遗嘱、改遗嘱的手续变得更加简便，这样还能保证让本人在患上认知障碍之前就留下遗言，或在保密的情况下废除无效遗言。

此前，美国的大都会（MetLife）人寿保险公司已经宣布，今后将通过更加便捷的以太坊（Ethereum）区块链来完成保险金的申领工作。

现在，人们对区块链遗嘱信托服务的需求十分强烈，市场也十分广阔，但这一切都需要以遗书保管法适用于数字遗书为前提。同时，此类新型服务项目需要以法务局为首的相关政府部门、金融机关和医疗机构的紧密配合，这就要求相关部门重新梳理业务、完善信息系统。

**市场攻略**

- ☑ 利用区块链技术抢占先机
- ☑ 从遗嘱市场变成智能合约
- ☑ 完善法律制度、做好后援工作

# 大脑健身

## 维持老年人、中年人和青年人的大脑健康

市场规模

**至 2030 年**

**日本国内市场规模可达**

**8000 亿日元**

**据日经 BP 综合研究所推算**

市场概要

- 防止大脑机能退化
- 旨在提高大脑机能的服务
- 研究方向多种多样

近年来，旨在防止老年人大脑机能退化或提高大脑能力的“大脑健身”越来越受到人们的关注。

脑科学领域的最新研究证实，“大脑机能与年龄无关，并可以恢复到较高水平”。而大脑健身正是基于这样的研究而开发的一套系统训练。

在大脑健身的训练活动中，最受关注的当属基于科学研究而开发的电脑游戏形式的训练，以及需要脑电波检测仪辅助的冥想训练。除此之外，还有科学家从身体运动、冥想和脑机能的观点出发，研究营养摄取和自然体验等是否也能对脑机能的恢复或提高其灵活性产生积极作用。可

以说，目前的研究方向是多种多样的。

如今，在大脑健身市场已经出现了跨行业的多领域商品与服务，其中包括：大脑健身的信息流通领域（书籍和网络内容）、健身房经营领域、机器开发销售领域（脑电波检测仪等）、食品与餐饮的改善服务、各类讨论组和除健身房以外的参与性研讨会（在森林中通过自然体验进行大脑健身等）以及后端的 B2B 交易（向健身房销售健身器械等）等等。

近年来，伴随着老龄化社会的发展，庞大的医疗费用越来越让人忧心，特别是对于没有明确治疗方法的认知障碍患者来说，可想而知他们的经济负担会有多么沉重。而从研究的角度来讲，通过类似大脑健身的护理确实能够改善认知机能。因此，作为一项国家战略，大脑健身越来越引起人们的重视。

抢占大脑健身市场，首先应该制定该领域相关问题的处理办法，毕竟脑机能的恢复效果是很难从直观上进行衡量的。在这一点上，其难度要比以往的健身项目都大得多。只有通

**市场攻略**

- ☑ 使训练效果可视化
- ☑ 增加娱乐性较强的体验
- ☑ 跨领域、多行业的研究
- ☑ 可能带来意想不到的广阔市场

过数值等方式让大脑健身效果更加清晰，或者让人更容易享受到训练项目的乐趣，才能维持人们持续锻炼的兴趣。此外，如果能够引领大脑健身爱好者们形成一个社群，或是从自然体验和餐饮等侧面出发，培养人们积极参与的动力，或许也将产生积极的效果。

市场规模

**日本国内市场规模可达**

**5兆日元**

**据日经 BP 综合研究所推算**

**该数字为由搭载触觉技术的机器所产生的日本国内年销售总额**

---

市场概要

- 人工触觉再现
- 现有部分研究成果已商品化，但仍需继续推进研究
- 适用于灾后重建和远程医疗领域

---

所谓触觉技术（Haptics），是指人工再现触觉信息的一种技术或系统，其应用范围十分广泛，包括娱乐、对作业机器人的远程操控和使用触觉数据的教育训练等。

目前，各个研究单位都在积极推进触觉技术的研究开发与应用，以我们身边的例子来说，在智能手机上通过按压屏幕上的符号，就能再现好像按压立体按钮的触感。

触觉技术的典型应用方式是通过手掌或手指上佩戴的传感器向使用者传递触觉信息。在传感器上搭载的电动机或特殊材料可以向使用者传递

震动等触觉，这样使用者就能确认来自计算机的信息，比如电脑屏幕上显示的物体的触感。如果采用超声波技术，还能让使用者在空无一物的空间中感受到压力的触觉。

目前，由庆应大学的大西公平教授所开发的“真实触觉技术”引起很多人的关注。通过这项技术，传感器能从物体上感受并重现出人类或按、或握、或摩擦的动作，以及硬度、弹力和动作等力的触觉信息。

当通过传感器来操控物体时，需要同时进行对位置的操作以及对抓住物体的力的操作。同样，真实触觉技术也要求同时完成对位置的操控和力的操控。

目前，科学家所设想的实际应用是远距离操控农业机器人。当利用机器人来进行远程操作时，人类可以通过手边的控制器来确认机器人的手所感知到的物体的触觉，并同步进行操作。在像远程手术和护理等需要精细反馈的领域中，触觉技术的应用也同样令人期待。此外，机器人能否继承专业人士的高超技能，也在科学家们的考虑范围之内。

触觉市场的发展速度关键要看昂贵的传感器等设备价格能够降低到什么程度。由于医疗、护理领域需要极高的触觉再现技术，因此，今后科学家们将继续在该领域展开深入研究。

**市场攻略**

- ☑ 降低设备价格
- ☑ 更加精细的触觉再现

市场规模

**潜在需求**

**7万人**

据日经BP综合研究所推算

市场概要

- 辅助装备
- 人工肌肉
- 支援散步
- 帮助徒步旅行

辅助运动是指需要使用到辅助装备（Assist Suit）的运动。最开始，辅助装备（也被称为动力服，Powered Suit）是为需要搬运重物的作业者所设计的，旨在减轻他们的工作负担；后来，人们发现如果让残障人士使用这项技术的话，那么他们也能享受到爬山、划船、高尔夫、舞蹈、游泳和保龄球等运动的乐趣。

除了辅助装备的销售与租赁，未来可能还会出现陪同、支援残障人士进行散步或徒步旅行的服务项目。

当然，这必须考虑到穿着辅助装备时的安全问题，万一发生摔倒情况，必须保证残障人士的安全。因此，从业者需要与保健医疗或康复医疗进行合作。

目前，辅助运动的乐趣还需大力推广。例如，从业者可以尝试策划户外的交流会或亲子运动会等交流项目。

提起最接近散步、徒步旅行、爬山等领域的辅助运动产品，人们可能会联想到“林业用辅助装备”。确实，自 2016 年起日本农林水产省已经将它纳入到研究项目中，并准备在 2025 年实现应用。

这款林业用辅助装备由住友林业、松下集团旗下的辅助装备制造销售公司 ATONU、国立研究开发法人森林研究管理组织和奈良尖端科学技术大学院大学共同承担开发任务。

此外，目前正在开发中的还有一款登山辅助装备。通过在脚心装配压力传感器、在人体关节处装配角度传感器等方式，机器能读取使用者的行动姿势和斜面的具体情况，如此，辅助装备就能配合使用者的动作驱动四台发动机工作。通过试用机的测试，发现这款辅助装备能够有效减轻使用者 17% 的肌肉压力。同时，辅助装备由电池供电，可保证 3 个小时

**市场攻略**

- ☑ 确保摔倒时的安全问题
- ☑ 与保健医疗和康复医疗加强合作
- ☑ 户外交流会
- ☑ 有交流障碍的亲子能共同参与的运动会

的使用时间。

登山时，辅助装备在上坡和下坡时的工作方式是不同的。上坡时，辅助装备主要负责帮助脚部的抬起和踩踏动作的完成。下坡时，通过缓冲膝盖的动作，辅助装备能有效帮助减轻膝盖的负担。此外，使用者还可以把行李等重物交给辅助装备来承载，因此它还能进一步帮助减轻肩部和足部的压力。

## 041

# 遥在技术

## 与其他服务项目相结合

“遥在技术（Tele–Existence）”一词由表示遥远的 Tele 和表示存在的 Existence 两个词组合而成。它一般是指本地的使用者通过位于远处的机器人或其所搭载的触觉传感器，体验身临其境的感觉或采取一定的行动。

例如，通过遥在技术，就可以掌握位于地球另一侧的工厂机器的工作情况，并进行远程操控。或者，也可以通过遥控机器人在位于远方的观光胜地或美术馆移动，让用户在家感受当地的风景、展品以及声音。目前，市场上已经出现了实验远程旅行的旅游公司和通信公司。

通过把机器人、传感器、虚拟现实和 5G 技术等科技相结合，就能使遥在技术成为可能。在前文中提到的触觉技术，其实也是遥在技术的重要组成部分。如果加入触觉技术，还能实现触摸位于远处物体的实感。

科学家们认为遥在技术的应用十分广泛，但要使它真正在经济领域发挥作用，还要充分考虑使用者的需求、实际使用成本与费用负担等诸多要素。同时，从业者还需要揣摩富裕阶层对服务的偏好，他们是喜欢旅行但没有时间呢，还是由于年龄原因无法长时间在外旅行。如果是一个人无法单独出门旅行的话，那就需要考虑引入其他服务项目，共同开拓市场。

# 第3章编者姓名一览

加古川群司
瀬川弘司
高下义弘
田中淳一郎
仲森智博
原田香织
森側真一
谷岛宣之

# 第4章

# 改变工作方式的诀窍

投资无形资产

## 改变观念是新事业的动力

**市场概要**

- 真正的“工作方式改革”是一项新事业
- 辞职后依旧有市场
- 必须利用信息技术

编者曾听某企业的董事长私下说过，“一听到工作方式改革，心情就不好”。一声令下，全公司上下必须全部动员起来，但往往最后指令沦为口号，又变成了强制加班。虽然工作现场的员工都感到非常不满，但由于不敢违背总经理和人事部门的命令，只能选择默默忍受。

在工作中，如果事先设定了缩短工作时长的目标、制订了加班的具体规定，本意是想让员工们达成目标、遵守规定，但结果往往与工作方式改革的初衷大相径庭。改变工作方式的目的是提高工作成果的价值，益处是缩短员工的工作时长，但这仅仅是理论层面的美好构想。

其实，工作方式改革的本质是对人这种无形资产的投资，它关系到公司的创新与新事业的建立。想要实现新的工作方式，势必需要加大对人和辅助工具的投资，因此，培训市场和工具市场也将随之扩大。改革成功的企业可以向其他公司传授自己的经验，或者也可将此发展成一项全新的事业。

改革工作方式最主要的工具就是信息技术和信息支持服务。例如，在对某产品进行市场调研、结果整理和开会研究的过程中，需要花费大量时间。如果利用信息技术集中整合所有信息，就能节省宝贵的时间。

此外，对工作人员的投资并不仅局限在企业员工内部，领导层还应该关注到企业外部的专业自由职业者。为了增加企业内外专业人员的合作、寻找产品对口的技术人才，企业自然也需要信息技术的帮助。

对人的投资是一项长期事业。即便员工已独立单干了，只要他与企业还有合作，根据具体情况也可以向他继续投资。当然，员工自身也要对自己的事业有一个长远规划，必要的投资可以依赖公司，但根据规划的具体内容，有时员工自身也需要进行投资。

如此，只要把投资方向转向企业外部、把投资眼光放得长远，根本性的工作方式改革还是很有可能实现的。

**市场攻略**

☑ 比起缩短工作时长，更应注重提高价值

☑ 关注对人的投资

市场规模

**约 25 兆日元**

**企业为职员的“工作调研”所支付的薪金（每年）**
**根据 OKWAVE 综合研究所的调查估算**

市场概要

- 当场传递作重要决定时所必需的信息
- 收集、分析信息的专家
- 以信息技术辅助专家工作

有企业管理者曾经说过，“周一的早晨是十分恐怖的”。这是因为，如果周末或周一早晨发生了什么对自己企业有影响的事件，那么周一一早就会有员工向总经理提问：“这件事我们应当如何处理呢？”

伴随着互联网的使用，人们可以迅速搜索到数量庞大的信息，但同时由于信息过剩，当梳理与自己和其他公司相关的信息时，或在准备总经理提问时需要回答的资料时，就会意外地发现这项工作需要花费大量的时间。

如果把员工花费在调研上的时间换算成人事费的话，其金额将十分庞大。所以，如果能有解决这一问题的办法，企业领导也将支付同等金额的薪酬。

解决办法之一，就是“信息传递”。当发生重大事件时，为了能让企业领导迅速作出判断，需要有人当场向领导传递必要的信息，而负责传递信息的人以及这项服务本身，就是信息传递。此前，这项工作基本都交给领导的部下或外部人员来完成，但伴随着信息量的爆炸式增长，以及企业之间越来越紧密的联系，未来将会出现专业提供信息传递服务的新型商业项目。

信息传递工作有两条硬性需求：其一，“迅速、全面”。如果在工作中引入信息技术领域的推荐引擎和自动翻译功能，将大大帮助传递员提高处理信息的速度。其二，“准确、简要”。在对收集来的信息进行价值初步判断之后，传递员需要对信息进行精炼处理，并配备通俗易懂的解说。

后者的工作必须由人来完成。因此，企业可以成立一个由各专业领域的退休职工所组成的顾问团，以众包的形式让他们专门负责此类工作。

从长远来看，信息传递的手段也将发生变化。为了尽早

**市场攻略**

- ☑ 信息与通信技术、人工智能（个性化）
- ☑ 信息传递的新手段
- ☑ 人才（专业、思考、感情）

向总经理传递信息，传递员或将仅以视图化的方式展示结论，或根据情况直接向领导大脑传递信息。进一步来讲，传递员可能需要对总经理的想法和梦境作出推测，并对其结果进行预判，从而为总经理提供具有价值的信息。

市场规模

**至 2030 年日本国内市场**

**年均可达**

**4000 亿日元**

**据日经 BP 综合研究所推算**

| 市场概要 | |
|---|---|
| | ● 辅助日常业务运转 |
| | ● 高度智能、提供旅游景点推荐服务 |

所谓“人工智能助手”，是指为每一位工作人员配备的专用软件机器人。除工作计划提醒、邮件通知、对话提醒和新闻推送功能之外，机器人还具备另外两项功能，这将大大提高工作人员的工作效率。

第一项功能，是按照指令代替人工处理电脑上的工作。未来，人工智能助手将代替人类完成固定类型的工作，比如搜索或查询信息、编写业务报告、协调会议安排以及预约差旅住宿等。

实际上，有些人工智能助手已经悄悄出现在了我们的生活中，其中包括：代替公司服务台（HelpDesk）的人工智能聊天机器人、辅助现场作业人员记录数据的声音录入系统，以及帮助顾客安排预约的人工智能助手等。

第二项功能，是向工作人员提供合理的建议。通过收集、分析工作人员的各种数据，人工智能助手将可以向人类提供各种有效信息，以便帮助提高工作效率。不过，这一功能目前还在试验阶段，距离实现应用还有一定时间。

如果智能助手服务的对象是销售经理，它将自动从潜在顾客名单中挑选出有效客户，提出为他们安排预约的建议。如果服务对象是农场主，智能助手将根据提前制订的计划提醒当日应该完成的作业。如果服务对象是管理层人士，智能助手将一边为其展示他所管理的项目以及团队状态，一边提出帮助改善工作的建议，比如，领导应该和团队中的某人进行一场谈心等。

如果希望人工智能助手适配每一项业务或每一位工作人员的要求，就需要让它不断收集、积累各种数据，并学习处理、使用数据的方法。所以，尽量降低人工智能学习的成本将是影响今后市场发展的关键。

此外，人工智能究竟在多大程度上可以参与到人类生活

**市场攻略**

☑ 明确适用范围

☑ 精简人工智能学习流程

和工作中，还需要一个更加明确的规划。对于像接待品牌忠实顾客、初步处理投诉案件等对礼仪和待人接物都有较高要求的工作，人工智能即便再经过 10 年的发展，恐怕也很难胜任。

## 045 配有自动翻译功能的高精尖视频会议系统

### 深度改善交流体验

通过使用会议室墙上的显示屏或屏幕，不同地区的人们即可进行视频会议。如果同时配备了采用人工智能自动学习的多语言实时翻译功能，那么这套会议系统将更加强大。目前，虽然视频会议已经越来越普及，但主要的使用者依然局限在那些需要在本公司和工厂之间往返出差的企业。

事实上，高精尖的视频会议系统在商贸领域将发挥重要的作用，它不仅能够帮助确保企业在全球化的经营管理中迅速传达决定、保证领导地位，也能在全球市场中强化市场营销与商品战略，同时还能促进由多国成员组成的开放式创新（包括国际机构和政府机关）工作沟通更加顺畅。

如果在大型活动现场等地点安装可移动型终端交流设备，那么身在远方的人们也将能够参与活动或参观展览会。

此外，即便是未配备自动翻译功能的产品或服务，其应用范围也十分广泛。比如，在国内总公司和研究所之间频繁的会议上，在交通阻塞、地域灾害和流行病害的工作交流与意见传达上，都少不了它的身影；此外，在远程工作会议、学校的交流教育、福利院老年人的疾病治疗等工作中，视频会议系统也都是不可或缺的重要组成部分。

根据国际数据公司日本分公司（IDCJapan）的调查，至2022年，日本国内的机器人市场规模将达到2兆8395亿日元（该数据为产业机器人与服务机器人的总和）。

今后，人们期待机器人能在更多的领域中发挥作用，例如工厂、仓库、餐饮店、工地现场和接待处等。此外，机器人将也有可能进入此前主要以人力为主的工作现场，例如保洁、护理和接待顾客等。

因此，开发能够适应多种环境、动作接近人类的机器人已是迫在眉睫。同时，最近市场上也出现了系统集成商（Systems Integrator），他们在使用者与机器人之间起到媒介作用，并帮助协调多台机器人相互协作。如果集成商能对机器人的性价比做出更详细的说明，或将更有利于机器人市场的发展。

## 047

# 复业支持代理人

## 支持多种多样的工作方式

**市场规模**

**4 兆日元**

出处：据日经 BP 综合研究所的调查

**市场概要**

- 专业人才需求增加
- 出现新型代理人服务
- 接受多种工作方式的企业将迎来发展

如今，对劳动者的需求呈现出多样化的发展趋势，其中包括工作期限的延长、劳动力人口的减少、育儿和护理工作的平衡需求等等。与此同时，劳动者和劳动环境本身也发生了巨大变化。

首先，是“雇佣方式的变化”。目前，大多数日本大学毕业生在找工作时，都是按照“应届毕业生统一录用”的办法被企业统一招聘的。但日本经济团体联合会已经废止了这一规定，并决定扩大应届毕业生的全年录用招聘。此外，由于社会上已经开始重新看待像大学毕业生和非大学毕业生的学历差别，因此可以判断，今后将会有越来越多的企业采用更加灵活的用人办法，例如“40 岁以下年轻人录用”办法，其用人对象就包括非大学毕业生、大学毕业生、毕业后工作不满 3 年的跳槽求职者和年轻的转行求职者。

其次，是“雇佣形态的变化”。今后，企业或将采取更加多元的工作方式，例如以项目组为单位、以工作小组的形式来推进工作，形成“任务型就业市场”。

近年来，伴随着专业人才的增加，在跨领域合作项目中，很多人会以提供特殊知识或专业技能的形式参加工作，并且，这样的工作机会将越来越多。因此，能够接受多元雇佣形态的企业将会迎来发展的契机，成为“人才战略”的大赢家。

在用人方式和雇佣形态发生变化的同时，劳动力与企业签订的劳动契约或个人职业规划也将呈现出复业化（多线型）的发展趋势。因此，新型代理服务市场即将出现，他们将帮助劳动力签订复杂的劳动合约，处理合约条款交涉等工作。就像美国职业棒球大联盟中的经纪人会代表球员与球队谈判合同一样，专门负责为企业与个人牵线的特殊代理人也会向劳动者介绍二次学习项目、提供副业工作机会并寻找适合的工作岗位。

**市场攻略**

- ☑ 签订复杂的劳动合约、进行合约条款交涉
- ☑ 培养熟练完成上述业务的专业人才

从目前的情况来看，适合成为特殊代理人的候选者主要有两大类：一是负责人才交易的传统企业。由于人才交易企业掌握了劳动者对各家公司的评定数据，因此它在这块市场中占有绝对的优势。第二类候选者，一般是律师、社会工作者和职业咨询师等专业人才。

市场规模

**至 2030 年**

**日本国内年均可达**

**1500 亿日元**

**据日经 BP 综合研究所推算**

**市场概要**

- 支援自由职业者的各种服务
- 匹配服务与后台服务等
- 企业也开始关注自由职业人才

最近，不属于任何公司组织、根据个人意愿提供劳动力的自雇人士正在逐渐增加。伴随着“自由职业者”的增多，“自由职业者支援服务”市场也将相继打开。

支援服务种类繁多，其中大体可以分为三类：第一类，是帮助自由职业者匹配工作的服务。针对企业和组织中的各类工作项目，匹配服务将帮助公司找到正在寻找工作的专业人才。目前，这项服务主要是由大型众包公司所提供。

第二类，是面向自由职业者的后台服务，包括支援他们的经营管理、财务、法务和总务工作。承担会计师、律师和文职工作的外包公司可以代替个人完成这些比较复杂的业务。

第三类，是为自由职业者所设计的保险与福利服务。这其中包含教育研修项目、协同办公空间的租赁和健康体检服务等。

除这三大类服务以外，今后也将出现更多面向自由职业者的社区活动，从而促进专业人才的信息交流，保证他们的权利。

根据2019年7月日本内阁府公布的推测数据，日本自由职业劳动人口306万~341万人。其中，本职就是自由职业的劳动人口为228万人，副业为自由职业的人口为112万人。而总计306万~341万人的自由职业者占日本国内就业整体劳动力的5%。

如今，企业也慢慢开始关注到选择自由职业的人才。为了应对缩短企业寿命和创新的时代要求，跨领域人才合作正是大势所趋。政府必须认识到，职业自由化是社会发展的必然趋势，而政府应以超前的姿态制定出保护自由职业人才权利的政策与法案。

只要我们以前瞻性的思维密切关注寻求灵活工作方式的个人、希望确保跨领域人力资源的企业和政府这三方利益相关者的动向，支援服务市场必将在今后的10年中取得长足发展。

**市场攻略**

- ☑ 寻求灵活工作方式的个人
- ☑ 希望确保跨领域人才的企业

# 049 LGBT雇佣支援服务

## 尊重多样性、避免企业损失

市场规模

**此群体占日本成人比例的**

**8.9%**

**（在成年人中，每 11 人里即有 1 人属于 LGBT 人群）**

出处：电通多样性实验室

**市场概要**

- LGBT 群体易被孤立且感到压力
- 工作效率低下、忠诚度下降会造成企业的损失
- 大半中小企业不懂应对之法

所谓 LGBT，是对同性恋者中的女同性恋者（Lesbians）和男同性恋者（Gays）、双性恋者（Bisexuals）以及对自己性别认识有差异的跨性别者（Transgender）的总称，而 LGBT 来自 4 个英语单词的首字母缩写；在日本，LGBT 一般多指在性别认知上的少数派群体。

与欧美国家相比，日本人对来自社会的偏见和差别性比较敏感，并且容易产生恐慌情绪。换言之，敢于公开承认自己是同性恋者的日本人还很少。因此，有时特殊群体在学校和企业中会被

大家孤立，或是由于周围人的不理解而倍感压力。在企业中，这类情况很有可能会影响特殊群体的工作积极性，或导致他们对企业的忠诚度下降。而在如今这个劳动力不足的社会环境中，企业只有对 LGBT 群体一视同仁，灵活分配，才能保证企业的生命力。

伴随着人们对多样性越来越深刻的理解，最近，有些企业内部出台了给同性伴侣送结婚礼金的规定，有的企业则专门召开了面向 LGBT 群体的就职宣讲会。但是，目前只有小部分先进企业会采取针对 LGBT 群体的特殊措施，而大部分中小企业则是处于一头雾水、茫然无措的状态。

想要真正接受 LGBT 人才，企业需要准备的事情还有很多。例如，从硬件上讲，办公楼需要配备无性别洗手间，从软件上讲，需要更改公司规定、对员工进行培训等。在打造了舒心的办公环境的基础上，企业还应学习聘用 LGBT 群体时能让他们安心且积极工作的专业知识。

今后，对于个人或整体 LGBT 雇佣的支援服务预计将会有所发展，且市场是巨大的。根据 2018 年电通多样性实验室（DENTSU Diversity LAB）的调查显示，日本的 LGBT 群体约占成年人的 8.9%，即每 11 人里即有 1 人属于 LGBT 群体。

在雇佣支援服务中，首先要做的就是增加企业中的“直同志（Ally）群体”。“直同志”是指虽然自己本身不是 LGBT，但理解并支持他们的人士。直同志群体的存在是帮助企业顺利应对 LGBT 问题的关键。

正如成语请自隗始所说的那样，提供雇佣支援服务的企业自己先应该聘用LGBT群体，并充分发挥他们的才能，毕竟，只有当事人自己才最了解他们的服务需求是什么。

**市场攻略**

- ☑ 打造舒心的办公环境
- ☑ 培养理解特殊群体的“直同志”
- ☑ 首先在自家公司聘用 LGBT 群体
- ☑ 当事人最了解服务需求

市场概要

- 管理层干部退休后的管理措施
- 让老年人找到对自我的身份认同
- 将学习需求与学习材料相匹配

一家中小企业的副总经理曾经说过，“无论在哪家企业，能成为总经理的只有一个人。其他人就算可以向领导提意见，在外面也不是公司的门面”。

部分高级管理层人士虽然没能被选为总经理，但他们也确确实实是站在一线的企业领导。除了从事本职的管理工作，很多时候他们也需要代表企业去接受自己专业领域的采访。

但是，一旦离开了企业，他们对外发言的机会将骤然减少。如果曾经担任过总经理或会长一职，那么卸任后这部分人还能以原领导的身份在商业杂志的专栏上发表文章，但是，如果只担任过副总经理以下的职位，那么这部分人基本不会再有这样的发言机会。

退休后，企业人士由于失去了工作职位，也没有再触碰自己名片的机会，因此，很多人感到失落，丧失了对自我身份的认知。如果能让曾做过高级管理层的老年人在退休后也能声，或者给予他们作为榜样去培训年轻职员的机会，那么他们或将更有动力去安排自己的退休生活。

面向老年知识分子的学院就是这样一个以“原管理层干部”为对象、为满足他们对知识的好奇心和受社会认可的需求而设立的“场所”。

在学院里，老年知识分子将体验到三种“场所”，分别是“了解”、“学习”和“教学”。

首先，在“了解”场中，他们将会订阅各个领域的新闻杂志，范围涵盖政治、经济、企业、国际和市场等方向。

其次，在“学习”场中，将有各领域的专业老师为他们讲解教育课程，内容包括管理战略、财经、人力管理、市场管理、创新、科技、语言、信息技术扫盲等等。通过线上讨论小组或线下的小型真人讨论组，老年知识分子将重新学到最前沿的应用科学。在这种交互式的学习小组中，他们还能掌握发表演讲和作报告的各种技巧。

学院的最大特色还在于它所提供的“教学”场。在“学习”场最终考试中过关的老年知识分子将被赋予“学院认证讲师”的资格。在此基础上，如果能把在学院掌握到的知识和自己原来当干部时的经验有机结合，他们还将得到在各个企业和工作小组中进行学习或演讲的机会。此外，学院将负责老年知识分子与学习企业的分配工作。如本人有意愿的话，学院也可为本人的著作提供制作与出版服务。

关于学院的入学资格，可以设定为企业中的“监事”以上的职位，并设立资格审查机制。不过，这里的监事身份倒不一定需要严格比照公司规定，只要在本企业中的职位达到相应级别，就算符合条件。

**市场攻略**

- ☑ 创造退休后的“学习”场
- ☑ 面向老年人的学院
- ☑ 提供讲师资格认证和“教学”场

市场规模

**至 2020 年**

**全球教育科技市场可达**

**2520 亿美元**

**（合 27 兆 9800 亿日元）**

出处：英国投资公司 IBIS Capital

**市场概要**

- 在日本，教育科技是循环教育的手段之一
- 教育内容包括人工智能和物联网等专业技能

“教育科技”由“教育”和“科技”两个词组合而成，它主要是指借助网络手段按需提供教育和培训的服务。

日本政府最近正逐步加大循环教育（指社会人士重新学习、接受教育）的力度，而教育科技正是其中的得力手段。循环教育的学习内容主要包括：面向再就业和职业转换的专业培训，以及以人工智能和物联网为代表的市场亟须专业的技能教育等。

利用信息技术，教师能够随时了解学习者的进度和对知识的掌握程度，并根据学习者的接受度随时发送与之相匹配的学习材料。

此外，在本书第 3 章中曾提到的大脑健身也适用于该领域。考虑到每一位学习者不同的学习状态，教师可以为他们量身打造合适的大脑健身活动方案。

在学习材料上，可以利用动画、虚拟现实和增强现实等技术，为学生实现高度还原的临场感。例如，在学习外语时，可以重现真实老师的影像，这样更容易吸引学生认真学习。

当需要提示学习内容时，也可以利用全息投影技术。全息投影技术能够在空间中向学习者展示物体的具体形状，这样更容易引起学生的学习兴趣。因此，人们十分看好全息投影在制造业相关教育中对学习效率的积极影响。

此外，也可以考虑为每位学习者配备专属的人工智能教练。一旦学习出现停滞，人工智能教练将给予学生鼓励；如果碰到琐碎的知识点，智能教练也可以给出提示以促进学习者的理解。

一般来讲，学习效率会随着年龄的增长而下降。因此，对于年龄较大的学习者来说，教师可以在学习过程中为他添加大脑健身活动，并使用复合技术手段来辅助学习内容的理解，以避免因年龄问题而产生学习障碍。通过提升年龄较大学习者自身的能力，这类群体将更容易回归职场，找到心仪的工作。

**市场攻略**

- ☑ 通过虚拟现实和增强现实技术提高临场感
- ☑ 大脑健身活动同样适用

市场概要

- 重新学习将成为一项巨大市场
- 教学方对市场新需求十分期待

“循环（Recurrent）”一词是指再度发生、循环往复的意思。与普通的学校教育、企业内部教育不同，循环教育是指重新学习的教育模式。伴随着技术改革，人们必须时刻应对工作中的新变化，而60岁以后依然需要继续工作或也可能成为一种常态，因此，在某一时期重新接受教育和培训、掌握新的技能就显得尤为重要，而这也正是政府极力宣传的重要政策之一。

例如，在《经济财政运营与改革的基本方针2019——“令和”新时代：向“Society（社会）5.0”发起的挑战》一文中，作者就“循环教育”列出了三点具体方针：

- 扩大大学与职业学校的循环教育
- 在培养人才等方面最大限度利用民间企业等单位的知识与智慧
- 弹性化管理学位制度，灵活利用提前毕业制度、长期上课制度和学分累积加算制度

其中的第三点，旨在让已经工作的社会人士

更方便地完成学习进程。例如，他们可以利用工作中的业务经验年数来替代学校的学习年数，或者一边工作一边慢慢获得学分。

除此之外，像学习商业技能的专门学校、社会人士大学和英语对话培训班等“自我启发市场”虽然不属于循环教育，但是却与循环教育拥有相重合的市场。据估算，到 2016 年为止，日本自我启发市场已达到了 9000 亿日元（该数据由共同通讯社报道、三菱 UFJ 调查&咨询公司调查）。

从传授知识一方的角度来讲，我们可以把循环教育看作一位新客户。随着日本国立大学法人的统合以及新的公立大学相继出现，对大学重新进行编制已取得了显著的进展；目前，除了普通的大学生以外，大学也开始考虑接受社会人士重新入学。在美国，社区大学里设有当地居民可以轻松加入的学习课程，而在日本，也慢慢出现了与之类似的社区大学。

但有一点值得注意，那就是循环教育的成功与否与其说是在教学这一方，不如说是在学习者的态度上。在 2002 年由厚生劳动省职业能力开发局出版的《“支援职业发展的劳动市场政策研究会”报告书》中写道，“从个人的角度来看，职业发展是由个人一边不断追问自己的动机、价值观和能力一边通过职业来达到自我实现的过程”。但是，到了如今，当提到重新学习时，又有多少人能想起自己到底学到了什么技能或知识呢？

所以，为了实现如上定义的职业发展，为了希望充实自己工作与生活的人们，设立一个“社区中的学习场所”就显得尤为重要，它将对人生计划、当地活动规划和个人与新工作的匹配产生积极的影响和重要作用。

**市场攻略**

- ☑ 对生存意义和价值观的关注
- ☑ 匹配服务

市场规模

**由弹性工作方式带来的经济效益**
**至 2030 年全球市场可达**
**10 兆 400 亿美元**

出处：雷格斯集团（Regus Group）

**市场概要**

- 劳动力可自由选择“工作场所”
- 卫星办公室、协同办公空间
- 工作场所即服务的发展
- 移动型办公室、度假村型办公室

当今这个时代是劳动力可以自由选择“工作场所”的时代。换句话说，只要能提高劳动力的工作积极性，或是保证企划案的成功，劳动力是有自由选择适合自己工作场所的权利的。

虽然有时也有人会选择传统的位于公司里的办公室，但是也有人更喜欢卫星办公室或协同办公空间。除此之外，有些人也更偏好利用虚拟空间进行办公。如果能一边在自家或办公室办公，一边在虚拟空间中的会议室里完成讨论环节，那就再好不过了。

伴随着在家办公的普及和自由职业者的增

加，人们越来越追求工作与生活之间的平衡，因此，现在的劳动力更渴望弹性制的工作方式，并希望能在自家与公司办公室之外的空间中设立一个可以办公的环境。例如，咖啡厅、交通工具或医院等。当然，能在风光明媚的度假村设立办公室也是极好的。此外，由于汽车自动驾驶技术越来越成熟，未来，也许汽车内部也将成为人们的办公室。

目前，租借办公室和协同办公空间业务已经日趋成熟。除了组织形态尚不稳定的创业公司以外，大型企业和中小企业也慢慢开始接触此项业务。

由此，在充分考虑企业与劳动力各种需求的基础上，“工作场所即服务（Workplace as a Service）”市场应运而生，它是指按需提供工作场所及其周边各种设施的一种服务。

另一方面，租借办公室和协同办公空间的运营方也逐渐开始承担一些管理业务，其中包括扩大或缩小办公空间、维护各种设备运行以及补充休憩区冰箱的食物与饮料等。同时，运营方也需要提供并维护基本的网络信息服务，比如安装网线等；根据具体情况，有时运营方还要承担起人才和福利方

**市场攻略**

- ☑ 开拓劳动力的新型需求市场
- ☑ 充分利用逐渐增长的中小型办公室
- ☑ 信息技术、维护管理、人才与福利

面的相关服务。以此为契机，位于城市中心的中小型老旧建筑也将重新焕发出生命力。

按照当前的发展趋势，此后租借办公室和协同办公空间的运营方或也将成为面向企业的人才中介。在部分协同办公空间中，将自然而然地发生人才的相互匹配情况。如果企业家能从协同办公的劳动力和相互熟知的人群中找到自己满意的工程师或会计等人选，就能创办出一家全新的企业。

# 实现新型办公方式的住宅

## 自家住宅办公室化的时代趋势

市场规模

**至 2030 年**
**改革市场可达**
**6.5 兆日元**

出处：野村综合研究所

市场概要

- 具备办公室职能的居住空间
- 面向住宅的新型安保设施
- 与在家办公人士的交流活动
- 根据客人、家庭人数和生活方式等灵活变化
- 住宅设计顾问业务

当劳动力和工作组可以自由选择“工作场所”的时候，“自家住宅办公室化”也将随之出现。到那时，住宅中的一间房或家庭空间的一部分将变成办公空间。当家长把孩子送到学校之后，家里的厨房或客厅的一部分将变成自己的工作场地，如何设计这部分功能，需要家长充分开动脑筋。当然，与其他同事的讨论会还是要在住宅之外或公司的办公室里进行，或者也可以线上开会。

室内装饰的设计与住宅的设计已经悄悄发生

了变化。书房重新引起了人们的重视，如果是大型住宅，可以考虑把整个房间作为办公场所，如果是小型住宅，则可以对半间房屋大小的空间进行设计。

另一方面，近来市场上陆续出现了很多帮助提高工作效率的产品，在网络上，也非常流行分享把自家住宅改造成办公室的各种大众小技巧。人们热衷讨论怎样利用心理学和脑科学的先进理论来打造能够提高效率的办公环境，而相关产品和各种服务也纷至沓来。

如今，以机器人为代表的各种仪器能够辅助身体各机能重新运转，大脑健身活动则能有效帮助大脑恢复之前的水平，智能隐形眼镜等视听觉辅助仪器也在不断进化，因此，老年人将很有可能重新回到劳动力的队伍中。未来，人们或许可以考虑，在面向老年人的护理中心等设施处添置适合远程工作的办公环境。

此外，由于今后的住宅空间将担负起部分办公室的职能，因此，面向住宅开发的信息安全对策又重新吸引了人们的目光。借此机会，市场上或有可能出现各种适合私人住宅的服务与设备，例如安全软件、借助物联网的防盗传感器以及帮助采取初步行动的住宅警戒机器人等。

随着在家办公人群的增长，人们开始重新思考在普通办公空间中能够马上实现的交流活动的价值，比如和同事打一声招呼、与同事商量工作、交换信息以及集思广益自由探讨等。因此，虚拟合作或将成为今后主流的办公模式之一。通过在虚拟空间中设置一个大家能够一起工作的办公室，并将办公室投射在大型显示屏或自家住宅的墙壁上，员工们就能通过麦克风和音箱实现彼此之间的对话，还能借助照相机在屏幕或墙壁上看到彼此工作的身影。

**市场攻略**

- ☑ 发展虚拟合作技术
- ☑ 借助物联网的防盗技术和住宅用警备机器人
- ☑ 协调住宅空间的技巧

# 055

# 企业周年业务咨询

## 推进未来型周年业务的合作伙伴

市场规模

**7 兆日元**

**根据帝国数据银行对 2019 年举办周年纪念活动的企业数量调查**
**由日经 BP 综合研究所推算**

**市场概要**

- 企业发展节点的重要业务
- 必须解决领导层的负担
- 周年业务的发展趋势发生变化
- 回顾历史、再创未来

周年对企业或各种团体来讲都是一个值得纪念的关键节点。一般来说，企业和团体多以 10 年为单位举办庆祝活动，庆祝企业或团体的成立、合并或成为控股公司。

一般来讲，领导层在这类周年纪念活动上主要有两个着眼点：一是企业今后的发展项目；二是企业最近的发展趋势。

过去，周年纪念活动一般包括编写公司发展史、制作企业年表，以及邀请业务伙伴举行纪念仪式等等。由于周年纪念活动大多是由“公司历史编纂室”等小部分员工负责，因此，他们常常需要整理庞大的资料库，其中包括领导层对企业的发展规划和今后企业的发展项目等；此外，他们还要面对因前任工作人员离职而造成的资料断层难题，有时甚至还会受到来自其他员工的冷漠态度。

但是，由于最近周年纪念活动的内容越来越丰富，领导层所关注的项目与其所承担的责任更是成倍地增长。因此，对举办周年活动的企业来说，“周年业务咨询”服务显得十分必要。周年业务咨询服务将以周年纪念为契机，深层调研企业经营所存在的问题，并将解决之法作为最恰当的周年业务提供给企业，成为企业重要的合作伙伴。

以周年纪念为契机，如果企业有意进一步推进品牌管理与人才战略工作，那么周年业务咨询将为企业制订更为广阔的经营视野、经营信条和宣传口号，并策划有关品牌宣传册发行的各项事宜。如果企业举办周年纪念的目的是改革工作方式、推进多样化改革，那么咨询服务也将帮助企业推进其在休业方面或与副业相关的制度改革工作。此外，在提高员工的企业参与度和以创新为目的的研修与活动策划方面，咨询服务也将为企业提供各种解决方案。

全面推进周年纪念业务，不仅需要领导层的参与，也需要员工的积极响应，更要把周年业务升级为公司全体的业务。此外，获得领导层的支持、向企业提供可持续发展的建议与具体方案，也是周年业务咨询的重要任务。

2019 年，日本共有 141150 家企业迎来了自己的关键节点，举办了“周年纪念活动”（根据帝国数据银行 2018 年的调查）。由此可见，周年业务咨询服务的市场十分广阔。同时，如若把商品等单独品牌的周年纪念也算在内的话，其市场范围将进一步扩大。

**市场攻略**

- ☑ 周年业务咨询服务的必要性
- ☑ 周年业务方案也是企业的成长战略
- ☑ 作为企业的合作伙伴共同成长

# 第4章编者姓名一览

市川史树

井出一仁

大冢叶

高下义弘

田中和之

德永太郎

中须让二

森山美帆

谷岛宣之

# 第5章

# 共享服务

## 开放时代的到来

# 056 订阅服务

## 传统模式在共享时代的新生

**市场概要**

- 在一定的使用费范围内提供多种便利
- 在网络与人工智能时代重新定义订阅模式的意义
- 便于稳定收入

订阅服务是指用户通过支付一定费用（多以月付形式支付）来使用某种产品或某项服务的商业模式。虽然它早就出现在杂志订阅和会员制邮购业务中，但在产品和服务都要共享的新时代，凭借网络和信息技术的发展，过去不便于共享的事物都开始走向共享，由此，便出现了很多以订阅模式为主的新业务与新型服务项目。

从使用者的角度来看，尽管他们需要支付一定的费用，但在这一过程中，使用者将获得比以往更为丰富的选项。例如，现在出现了一种以订阅模式来提供像衣服等这类个人偏好较强的商品的服务。只要提前输入个人喜好，商家就会按照条件来准备相应的服装，并且送货上门。这样，订阅者就能穿上自己满意的衣服。

服装产业存在着各种各样的商业模式，其中既有按一定的使用费来交换穿衣的模式，也有支付相应的价格来买下衣服的模式。在后者的情况下，消费者在挑选和试穿的过程中将直接感受到衣服的价值，并支付其相应的价格。

而在订阅模式下，随着消费者使用服务次数的增加，其消费记录将成为服务提供方的数据，如使用人工智能等手段对数据加以分析，商家就能准确按照消费者的喜好提供相应的产品或服务。

对于服务提供方来讲，采用订阅模式将有助于促使自己的业务更加稳定。由于订阅模式将会带来固定收入，因此商家只需向商品或服务订阅者提供相应的产品即可，而不再需要依赖广告以及分析、使用销售数据等其他收入来源。

如果消费者支付了一定的使用费，那么商家就一定要提供相应价值的产品。即便商家的最终目标顾客是非特定的大多数顾客，那也需要在一定程度上稳固最初设定的小部分顾客。只有明确了产品价值，才能开创新的事业。在这一点上，订阅服务与传统的商业是别无二致的。

在本书第 5 章中，编者将针对订阅服务和共享服务展开详细介绍。

**市场攻略**

☑ 市场细分的基本要点没有变化

☑ 借助信息技术产生的私人订制

# 基于出行即服务的服务

## 交通时间与服务相结合的利益点

市场规模

**日本国内潜在市场规模约为**

**8 兆日元**

**据日研 BP 综合研究所推算**

市场概要

- 自动驾驶汽车成为可移动的房屋
- 不再浪费交通时间
- 在 1 间房屋大小的空间内提供多元服务
- 结合虚拟现实与虚拟现实等技术
- 车站附近的房产将贬值

至 21 世纪 20 年代中叶，没有驾驶员的“第 5 代”自动驾驶汽车将成为现实。

到那时，汽车的外形也会发生变化。汽车将不再设有驾驶员席位，车内可视范围内的空间全部可由乘客自由使用，因此，汽车将摇身一变成为一间可移动的房屋。届时，部分车辆也将不再设有车窗，而是在车体的一面悬挂显示屏，借助虚拟现实和增强现实技术向乘客提供全方位服务。

这一系列变化将为我们带来全新的基于出行即服务的服务（Services on MaaS，缩写为 SoMaaS）。乘客将一边乘坐汽车，一边在面积约为 3 平方米大小的空间中享受其他各种带有附加价值的服务。

比如，英语会话教室就是一个可行的例子。让老师乘坐汽车，按照约定的时间到达自家门口，这样在到公司前的 45 分钟路程上，乘客就能以一对一的方式接受严格的英语教育。如果充分利用车内的显示屏和音响系统，乘客也可以远程跟随老师进行学习。

除此之外，基于出行即服务的服务还将包括卡拉 OK、居酒屋、瑜伽教室、按摩店、简易的私人健身房、理发店、美容店和诊所等等。此外，胶囊旅馆也可以通过汽车来实现。由于床是可移动的，因此，需要一大早到大阪出差的东京业务员就能在前一晚住进这样的胶囊旅馆，一边睡觉一边走路。

伴随着这样一系列的革新，都市人群的流动趋势也将发生变化。到那时，车站前的大部分服务项目都将通过基于出行即服务的服务汽车来实现。人们再不需要为了某种服务而特意前往车站，“住得离车站近比较方便”这种话也将不再被人提起。

谁有能力来引领这样的时代呢？一是车辆管理平台，它

**市场攻略**

- ☑ 车辆的集中与管理
- ☑ 建立关系维护网
- ☑ 预测需求、构建配车系统

们不仅负责管理大量的服务车辆，还向各种服务商家提供车辆租赁服务。可以说，它们将是移动版本的不动产商。

二是负责将消费者和各种服务进行匹配组合的企业。由于它们掌握大量消费者和服务商家的双方账户，因此，这类企业对服务的需求地点和时间进行预测，从而更有效率地调配车辆，以便提供各种服务。

市场规模

**至 2030 年**

**包括自动驾驶汽车相关服务、保险和修理等在内**

**22 兆日元**

出处：美国弗诺斯特沙利文全球企业增长咨询公司（Frost & Sullivan）

**市场概要**

- 在人身保险和贵重物品保险方面均需建立全新的保障体系
- 使用自动驾驶交通工具的事业团体亟须此类保险制度
- 生产商可预先为产品投资保险
- 所有人不应当承担过重的责任

如今，自动驾驶汽车、自动驾驶轮船和送货用的无人机已经逐渐成为现实。但是，如果这类交通工具发生事故的话，应该由谁来负责呢？

为了解决这一问题，在人身保险和贵重物品保险之外，还应该建立一种全新的自动驾驶机动保险。对于使用自动驾驶交通工具的事业团体来说，这类保险十分必要。

以自动驾驶汽车为例，想要拥有一辆 2025 年出现的第 4 级自动驾驶汽车（没有方向盘、刹车和油门的汽车），就需要制定新型的所有权制度。

该所有权制度将由两部分组成，一是为取得所有权而产生的市场，二是为行使所有权而产生的附带义务条款的保险商品市场。在此制度下，所有人既可以是传统的企业或个人，也可以是从事共享服务的事业团体。同时，汽车生产商或将预先为自动驾驶汽车买好保险。

在 2016 年 6 月由日本损害保险协会发布的报告《关于自动驾驶的法律问题》中指出，由于在使用第 4 级自动驾驶交通工具的情况下，司机将完全不再参与驾驶行为，因此，“司机”的概念将不复存在，必须重新拟定与传统汽车及其相关保险业务完全不同的法律条文。

在自动驾驶的研究者群体中，存在着这样一种看法，如果能由特定人群来监测自动驾驶汽车的行动轨迹，那么监测者应当负有一定的监管责任。但是，引入自动驾驶技术的初衷就是为了减少人力作业，如果要在所有的自动驾驶汽车中设置监测员，那将与最初的目的背道而驰，因此，该想法并不具有现实意义。那么，在没有监测员的情况下，应该由谁来对能够自由移动的汽车负起责任呢，这又是一个亟待解决

**市场攻略**

- ☑ 对可能发生的事故及损害的估算技术
- ☑ 设定保险赔率、预估事故率
- ☑ 持续关注未来技术的发展趋势

的问题。

无论责任方是谁，所有人都不应当承担过重的责任。因此，保险公司应当对可能发生的事故和损害程度进行一定的评估。由于事故率与技术的发展程度息息相关，我们还需密切关注未来技术的发展趋势。

市场规模

**农业**

**9.3 兆日元**

出处：根据 2017 年由日本农林水产省公布的农业总生产额及生产农业所得（全国）推算

**市场概要**

- 帝国中共拖车队（《下町火箭》）
- 日本数据农业协作平台（WAGRI）
- 农机具和田地的自动运转
- 基因编辑与组学数据

“农业技术（Agritech）”由“农业（Agriculture）”和“技术（Technology）”两个词组合而来。除国家主导的因素之外，我们可以发现，近年来，各种农业技术度的制定、实用化和集成化进程正在不断加快。在此基础上，如能顺利推广农业即服务（Agriculture as a Service，缩写为AaaS）项目，那么，今后我们将迎来“只要有土地就能通过电脑发展农业”的时代。

在小说和电视剧版本都获得好评的作品《下町火箭》中，就出现了这样一幕：在暴风雨袭来之前，搭载有多台自动联合收割机的拖车在田地中彻夜工作，收割小麦。这就是农业技术的现实应用，而如果通过农业即服务项目，即便自己没有这类机器，也能享受到这种服务。例如，只要居住在都市中的居民支付一定的费用，他们就能共享农田和农业即服务项目，通过加入周末农业小组，城市居民将有机会亲身体验农耕生活。

目前，相关技术正在不断取得新的进展。比如，伴随着日本准天顶卫星系统的建成，现在的农机具已经具备了以厘米为单位进行自动操作的功能。此外，市场上还出现了配备监测员的自动驾驶拖拉机，以及根据气象数据能够自动开闭的稻田放水阀门。

当前，以田地地图信息等为基础的“日本数据农业协作平台（WAGRI）”项目发展迅速，现已到达了试点阶段。与此同时，通过基因级别的组学数据（与生物分子相关的数据）来为各品种和处在各生长阶段的作物进行最佳水位预测的技术，也已成为现实。

为了促进农业即服务项目的发展，相关部门需要制定一套《智能农业人才培养检查制度》，无论是作业员还是服务利

**市场攻略**

- ☑ 数据提供商的利益
- ☑ 土地的交换与集约化、修改相关法案
- ☑ 能够确保生产者利益的相关组织

用者，均需通过资格认定，确认相关人员已具备足够的农业技术知识。

在海外市场，农业即服务项目或也将获得认可。目前，世界总人口约是日本总人口的60倍，因此，该市场前景是十分广阔的。但有一个现实问题不容忽视，那就是伴随着数据集中化进程的发展，应让数据提供方明确看到由此可能带来哪些好处。

市场规模

**至 2030 年**

**6000 亿日元**

**据日经 BP 综合研究所推算**

**市场概要**

- 市场涵盖身体残障人士和老年群体
- 身体残障人士和老年群体之间的彼此支援
- 有偿服务
- 灵活运用机器人和信息技术

传统的福利服务基本是由身体健康的人群来为身体残障人士和老年人提供各种支援，但身体共享服务则是指由身体残障人士和老年人来为自身群体提供支援服务。可以说，身体共享服务也是共享经济的一种形态，它的目标客户是身体残障人士和老年人。

举例来说，目前学者们有一种设想，未来身体不便自由行动、需要依靠轮椅生活的人群将不再需要自己出门购物，而盲人群体只要手持小型摄像头和具备听筒功能的设备就能代替他们完成购物。通过小型摄像头，依靠轮椅生活的人能够方便地看到店里的商品，如遇到自己心仪的产品，他们将利用个人电脑向正在店内的视觉障碍者传达自己的购物意愿。

承担起支援服务的身体残障人士和老年人并不是免费的志愿者，相反，他们可以收取一定的费用，将这项服务变成一种职业。如果这类群体能够通过工作变成纳税人，这也将有利于降低不断上涨的社会福利费用。

进一步来讲，借助机器人和信息技术，身体残障人士和老年人将有机会补足自己缺失的身体机能。这样一来，他们就可以承担起一般由身体健康的人群所负责的工作，如餐厅的服务员等。考虑到今后社会可能面临人才短缺的情况，身体共享服务将对此产生重要的积极意义。

不过，想要实现身体共享服务，需要准备的事项还有很多。首先，为了补足缺失的人体机能，科学家必须在特殊装备和信息技术工具的开发上投入更多精力。

其次，身体共享需要专门的服务支援组织。其中，最重要的就是建立负责匹配工作的专业网络，从而为服务需求方

**市场攻略**

- ☑ 匹配网络
- ☑ 服务评定与费用结算系统
- ☑ 为补足身体机能而深入研发的信息技术与装备
- ☑ 纳入特殊群体法定雇佣率统计范畴

和服务提供方双方实现供需匹配。在这一点上，从业者可适当利用网络社交平台。此外，平台还需搭载具备服务评定和费用支付功能的专业系统。最后，伴随着残障人士就业促进法的出台，在计算特殊群体法定雇佣率时，也应当将身体共享服务就业纳入到计算范畴中去。

市场规模

**至 2022 年**

**全球**

**智能大厦市场可达**

**317.4 亿美元**

出处：全球市场调查公司 MarketsandMarkets

市场概要

- 灵活运用大数据的都市管理
- 分析大厦设备的运转情况和商业设施内的消费者动向
- 发掘新型的服务需求
- 促进办公空间供需匹配与工作调整更加便捷
- 展开各地区的个性化服务

尽管当前专家不断指出都市化的弊端，但人口向都市集中是世界性的潮流，而谈到地区生产总值（GRP），仅以东京为例，据估算至2030年，东京地区的人均地区生产总值将达到59830美元（出处：《亚洲经济中期预测第4期2018—2030年》）。

地区振兴的重要性自不必说，但如何高效管理高度集中的都市也是一门学问。在这种情况下，一种被称为区域信息管理的服务项目备受瞩目。所谓区域信息管理，是指通过收集、分析位于都市大厦中的设备运转数据、商业设施中的消费者数据和办公楼中的劳动力数据，从而向区域内各类服务供应商提供信息的一种服务。

目前，区域内的信息是分散的。不动产公司保存着大厦设备的运转数据，商业设施掌握着消费者的导线数据，而通信公司则掌控着个人的行动数据（根据通信情况推算）。

在这种情况下，如果收集、分析各种与个人和组织活动情况相关的数据，并将结果提供给区域内部的各类商家，那么就能促进该区域内的人员流动更加顺畅，办公空间的供需匹配与工作调整更加便捷。除此之外，该服务项目也将帮助都市内的能源利用和交通规划达到最优效果，并为都市内的社群活动提供各种支援。可以说，区域信息管理的应用范围是十分广泛的。

实现区域信息管理，需要建立一个跨行业、跨领域的都市信息收集体制。在具体做法上，可以采取比较灵活的方式，例如既可以由地方团体打头阵，打造一个由第三方负责的区

**市场攻略**

- ☑ 社群、交通和能源的最优化配置
- ☑ 跨领域的大数据合作
- ☑ 应用范围包括车站、机场和体育场

域信息管理服务提供商；也可以仅规范数据的书写方式，让民间企业自由竞争，以促进数据的公开化、透明化。

区域信息管理服务需要由专业的信息分析师来完成。在参考整个日本都市信息的基础上，每位分析师都要为东京、名古屋、大阪和福冈等都市提供个性化的分析服务。

市场规模

**日本国内**

**超1兆日元**

**据日经 BP 综合研究所推算**

**市场概要**

- 支援中坚企业与中小企业的合作
- 引入各类信息技术产业结构

伴随着信息技术的不断进步，支撑产业发展的供应链也在不断进化。由此，就有可能带来巨大的新市场。

凭借物联网、人工智能和5G等信息技术的力量，产业革新已经成为不可逆转的世界潮流。信息技术不仅解决了各种各样的问题，也打造了高效率的产业结构，在此基础上，它还将源源不断地创造新的商机与附加价值。在时代的大趋势下，供应链的整体变革已是刻不容缓。变革目标，是凭借信息技术系统使所有相关企业实时共享大量信息，打造能够根据市场变化迅速采取得当措施且功能完善的供应链。

2017年，日本经济产业省指出，今后产业发展的核心概念是“互联工业（Connected Industries）”，即打造凭借各种各样的“联系”来创造新的附加价值的产业社会。同时，为了配合“互联工业”，经济产业省还提出了针对促进产业供应链改革的各项方针。

目前，已有不少日本大型企业在关联企业间构建了包含信息共享体系的供应链系统。而今后的发展目标，则是超越现有框架，打造存在于全部企业之间的、更广泛的供应链。到那时，无论愿意与否，中小企业也势必将会被卷入到这股浪潮中来。为了打造最优化的供应链，未来，业务环节中的一部分将由多个企业共享，或者干脆省略。

现在，日本的中小企业共有约 360 万家（根据 2018 年 6 月中小企业厅的调查）。假如一项服务能够吸引每家企业都来投资数万日元，那么项目总投资额将超过 1 兆日元。届时，不仅是信息技术投资，还将可能会产生新的投资方向，例如，超越企业与行业范畴的供应链网络管理服务，以及支援现场操作技术（OT）与信息技术合作的服务等等。

我们知道，供应链改革并不仅局限在日本国内，它还将扩展到海外企业中去。到那时，由新一代供应链所支撑的市场又将达到新的规模。

**市场攻略**

- ☑ 信息技术与操作技术的融合
- ☑ 管理层的意识改革
- ☑ 低价格的服务

# 公司即服务

## 以服务作为新型的组织形态

谈起公司的组织形态，除了传统的金字塔形结构，还有更加扁平的形态，以及由多个工作小组或小型组织所构成的合作模式。最近，有人指出传统的公司形态或将转变为更加灵活的组织形式，例如2018年备受瞩目的青色组织（Teal Organization），以及一直为人所称道的阿米巴经营。

换句话说，公司的组织形态或将从中队（Company）变成小队（Platoon），或是回归到按职业、按职能进行组合，共享工作任务的模式。

想要突然改变公司的组织结构是十分困难的，但如果分阶段慢慢进行改革则相对比较容易。由于这类转变往往需要借助网络的力量，因此相关的支援服务也将逐渐登场。

支援服务项目将会包括提供虚拟办公小组空间、制作会议记录、进程管理、成果管控和对组织人员的人事管理等，而这些项目只有借助现有的科技与服务才能实现。

# 技术购买即服务

## “大面积”购买技术的服务

对于某一项特定的技术，从研发到产出成果需要很多努力。如果从面试每一位员工开始逐步展开技术攻关，那将花费大量人力物力；而如果整个研发过程能够形成专向体系，那么科研工作将变得十分便利。由此，就出现了摒弃单点、以大面积来购买技术的服务。换言之，现在的科研工作已经进入了开放式创新的阶段。

当大量企业对技术产生需求时，市场既可以提供在一定程度上被广泛使用的一般技术，也能够提供某一领域的专业技术。

无论是哪一种情况，技术供应商都要以面为单位，提供全方位的技术支持，同时还要按照一定的标准对技术人员进行评估考核。作为考核指标，可以参考目前已获得国际认证的资格考试。因此，超越传统范围的各领域技术认证和资格考试或将逐渐登场。

谁将承担起大面积的技术购买服务呢？比起营利企业，编者认为非营利组织的可能性更高，这是因为在非营利组织中，常常聚集了很多希望彼此进行思想沟通的专业人才。

企业经营实际上是一个不断作出决策的过程，如果领导层认为“决定不了”，那么企业是无法获得成功的。想要成为一家“能做决定”的企业，离不开信息维护基础设施服务，它将帮助企业领导综合掌握与公司决策有关的各种信息。

风险信息就是其中的一例。在企业的综合报告中，必须写明未来或将影响企业的风险。企业一旦选中某项需要经过深入探讨的风险项目，就要收集大量数据，并将数据交给商业智能（Business Intelligence，缩写为 BI）工具来分析，以评估项目风险。

由此，市场上出现了专业的风险决策服务供应商，他们提供收集数据、租借工具并根据情况进行数据分析的一条龙服务。虽然具体情况还要根据不同的商业模式进行调整，但如果以下调服务单价为目的，允许供应商以匿名的方式重复使用数据的话，通过分析各个公司的数据，供应商就能不断充实风险信息的数据库。从长远来看，风险决策服务或将代替部分传统的风险管理咨询和战略咨询服务。

# 国际法务即服务

## 以人工智能支援全球法务活动

在全球化的大背景下，当企业需要发展国外业务时，首先必须了解并遵守各国繁杂的法律以及相关的国际法。如果企业领导说“我不懂”，那么企业是无法在国外顺利发展的。因此，通常来讲，跨国企业需要与咨询公司或会计师事务所进行合作。

然而，今后或将出现全新的人工智能法务服务。事先让人工智能学习各国的法律和国际法规，一旦发生特殊事件，可以通过人工智能搜索相关的法律条文。如果向人工智能输入人类法务工作者的判断意向，那么今后人工智能也将在一定程度上完成初步的法律判断工作。

目前，只有部分大型企业才需要国际法律服务。但从长远来看，中小企业、创新企业甚至在个别情况下的个人，未来都将有机会直接与全球的顾客产生商业往来。因此，可以预想收费较低的国际法律服务市场必将越来越受到人们的关注。

# 第5章编者姓名一览

菅野武
高津尚悟
立野裕之
徳永太郎
中道理
三好敏
谷島宣之
山口健

# 第6章

# 社会问题、可持续发展目标与环境、社会和公司治理

高效利用有限资源

市场概要

- 重新审视社群
- 社群的多样化发展
- 充满活力与可持续发展的新商机

社群是指人类的集中体，而集中的理由则是多种多样的，有些人是因为住在同样的地区，有些人则是由于抱有相同的兴趣，而有些人则是拥有相同的专业技能。在日本经济高度成长的时期，伴随着工作场所与生活场所的分离，人们逐渐向都市聚集。虽然在此之前所形成的社群日渐式微，但当人群重新聚集到都市后，由于工作场所和生活场所的距离缩减，地方区域又重新充满活力，而超越工作范围的专业人士也越来越走向融合。因此，我们需要重新审视社群的作用，或者说我们需要注意，新的社群正在逐渐成形。

社群的种类五花八门，而每个社群所重视的价值也各不相同。地区社群比较重视当地居民的幸福感，而专业人才的社群谋求的则是一方能够延伸彼此能力的舞台。与此相对，如果把企业看作一个社群，那么它更倾向于把发展和利益放在优先地位。

随着人们重新对社群展开审视并再度丰富社群活动，新型的服务需求也慢慢出现。当以社群为单位开展某项新活动时，活动组织者需要以小组为单位展开行动；当社群之间需要联合行动时，建立沟通机制也十分重要。此外，在开展任何事业之初，社群也应当树立一种“事业即服务”的概念。

像这类新型服务的供应商，既可以是与社群中的非营利组织签订合约的特约供应商，也可以是非营利组织本身。在特定情况下，企业甚至也可将此作为新的商机而展开活动。

从地方的角度来讲，如何能让自治团体、非营利组织、创新企业、本地企业和大型企业各方人马进行合作是问题的关键。如果按照传统第三部门的作业方式，则很有可能导致社群领导力的缺失。

从社会与地方的社群来看，如何建立安全、安心、可持续发展的团体是今后将要面临的问题。对企业来讲，可持续发展目标与环境、社会和公司治理都是未来的主题。只不过，实现社群的可持续发展，常常需要伴随着对现有结构进行废弃或调整的阵痛。

**市场攻略**

☑ 可持续发展目标与环境、社会和公司治理

☑ 多方人马的合作

站在企业的角度，为了实现与社会和地方社群的共同发展，企业自然需要付出努力，但需要注意的是，共同发展本身也将为企业带来新的市场空间。

在本书第 6 章中，日经 BP 综合研究所的研究人员将对包括安保措施、停业和揽客在内的地方振兴、环境问题对策以及能源新市场开发的可能性等问题展开详细探讨。

市场规模

**过去 20 年间**

**经济损失达**

**330 兆日元**

出处：联合国减少灾害风险办公室（UNDRR）

市场概要

- 根据预报制定的对策有助于减轻灾害破坏力
- 利用动物和昆虫的特殊感知能力
- 在地震和火山喷发等难以预测的领域展开研究
- 按地区和时间段提供灾害预报信息

震、海啸、飓风、火山喷发等天灾（自然灾害）的破坏性极大，因此，制订相应的对策是世界各国政府的当务之急。如果能在灾害来临之前发出预报，“在某地几时几分将发生地震”，将有助于在一定程度上减轻自然灾害的破坏力。

一般来说，想要对自然灾害进行预报是比较困难的；但与此同时，人们针对同样是自然现象的气象所研发的预测技术却越来越先进。通过卫星和雷达等高科技手段，人们不仅能够掌握每天的云雨动态，还能连续观测气温与风向的变化，并积累了庞大的气象数据。通过使用大型计算机对这些大数据进行分析，并结合人工智能技术，就能不断提高天气预报的准确性。与此相反，由于发生天灾的地点比较分散，发生频率也比较低，因此即便监测到地壳变化，科学家所掌握到的数据也十分有限。

在这种情况下，动物与昆虫等对天灾的特殊感知能力或将成为一项有力的候补监测数据。在动物界和昆虫界中，有很多物种对声音、电磁波和味道等的感知能力比人类要强大得多。因此，假设在动物和昆虫身上安装传感器，人类就能监测到它们在天灾发生前后的行为变化。伴随着微型传感器和无线通信基础设施的不断进步，如果能够实现连续观测，那么科学家就能掌握到大量的数据。通过统计、分析数据结果，从特定的因果关系中建立预测模型，再导入从世界各地收集来的数据，就形成了天灾预报的整体架构。在此基础上，未来科学家就可以分地区、分时段向全球提供天灾预报。

虽然这样的天灾预报究竟是否可行尚未可知，但除此之外，我们也需要多加注意预报信息的传递方式，这是因为像

**市场攻略**

- ☑ 监测动物和昆虫的感知能力
- ☑ 统计、分析数据并推导出其中的因果关系
- ☑ 灵活运用人工智能建立天灾预报模型

地震和火山喷发等重大灾害的预报信息如果处理不当，很容易引起人群的恐慌。但是，即便天灾预报存在一定误差，甚至也无法达到像“天气预报”一样的准确率，只要它能在一定程度上提供准确的预报信息，想必天灾预报也定会成为让人容易接受的服务项目。

市场规模

**至 2030 年**

**全球市场约为**

**100 兆日元**

**据日经 BP 综合研究所推算**

市场概要

- 掌握居民的不安或不满情绪
- 根据现场情况提出修改建议
- 应用范围从交通扩展到预防犯罪和防灾领域

无人管理系统是指能够自动从各种信息中找出亟须解决的问题，并自动制定相应对策的系统网络；其中，系统所掌握的信息范围十分广泛，包括居民的行动、在社交平台等网络世界出现的不满或不安的情绪、基础设施的运转情况以及突发事故和突发事件等。进一步来讲，未来还会出现根据人工智能的自动判断来作出决策或施行管理行为的无人系统。除国家和各地区以外，无人管理系统或也将应用于小型企业、组织和学校等领域。

无人管理系统在行政和管理方面将会发挥巨大的作用。例如，在道路交通等对机动性要求较高的领域，无人管理系统能够及早从道路的堵塞情况、社交平台的发言内容和车辆的行驶情况等信息中，估算出发生严重堵塞或交通事故等情况的风险系数，从而自动对交通信号进行调整，或发出相应的警告信息，以降低发生危险的可能性。

此外，无人管理系统还能够根据事故的发生频率来提出相应的整改措施，比如重新规划道路等。伴随着今后自动驾驶汽车的增加，如何设计适合所有车种、与各类车速均相匹配的道路，或也都将由无人管理系统来完成。因此，若能顺利导入无人管理系统，那么当发生灾害需要引导群众避难时、或规划紧急车辆的行车路线时，人类的工作量都将减少许多。

另一方面，虽然目前无人管理系统已经陆续在预防犯罪、防灾和教育等领域得到了一定的应用，但其可适用范围远不止于此。除国家和地方政府等行政机关以外，它还将逐步扩展到企业和各类团体等组织中去。与此同时，由于科学家正在不断将国内外的应用实例导入系统数据库，并强化系统根据实际情况提出修改建议的功能，因此，未来在所有与行政

**市场攻略**

- ☑ 施策建议的效果判定和反馈
- ☑ 扩充实例数据库、找出最合适的解决之法
- ☑ 通过人工智能技术实现自动判断

和管理相关的领域，无人管理系统都将承担起掌管风险信息、梳理群众不满情绪并找出解决方案的职能。

虽然目前的无人管理系统仅在行政机关中起到辅助作用，但未来它的功能或将不断得到强化，最终达到能在灾害或战时等紧急情况下依旧维持正常运转的程度。

市场规模

**农林水产品与食品的出口额可达**

**5 兆日元**

（2030 年）

出处：日本农林水产省

可持续发展目标，是指到 2030 年为实现可持续发展的社会而需要达成的 17 个目标。它不仅关乎一个国家的发展，在地方振兴方面的重要性也不容忽视。目前，日本政府已经在全国范围内甄选出了几个可持续发展的未来都市，并极力推广它们的模范作用。

除人力资源之外，地方还拥有森林、土地、河流、大海等丰富的自然资源。如能灵活运用当地的自然资源创造拥有国际竞争力的农林水产品，或也将能够重新打造当地的出口经济。

在这一系列过程中，企业需要特别注意，必须取得产品的可持续认证。如果充分考虑可持续发展的农林水产品能够获得相关部门的认证，那么这类产品也将更容易打入欧美市场。

此外，正如在本书第 5 章中介绍过的“农业技术”一样，我们也必须发展高效、对环境友好的农业与渔业，比如通过物联网、人工智能和无人机等实现定点农药喷洒等，这也将有助于解决地方的老龄化问题。

最后一点，地方政府需要大力宣传、吸引外界对地方的投资，尤其是对那些打出可持续发展与环境、社会和公司治理口号的项目投资。此外，当地金融机构也应该优先处理此类项目的融资工作。

**市场攻略**

- ☑ 可持续认证
- ☑ 智能技术、物联网与人工智能

开展仅限区域内部有效的积分服务，把有助于解决区域社会问题、有利于环境保护的活动均纳入积分服务对象。积分可在区域内部作为一种货币使用，用于支付和消费。

应激发更多人参与积分服务的积极性，区域内的孩子们自不必说，包括来旅游的游客也要争取。积分可用于支付住宿、餐饮等费用，在一定程度上能拉动区域内部消费，实现社会、环境、经济的良性互动和循环。

# 072

## 企业看护

### 在后继无人的大停业时代为企业经营者提供有力支援

市场规模

**准备停业的**

**日本中小企业**

**约有 127 万家**

**（约为日本企业总数的 1/3）**

出处：日本经济产业省

**市场概要**

- 由于后继无人、停业企业激增
- 能够顺利合并或收购的企业比较有限
- 保护企业的市场需求越来越大

应当如何保护自己一手建立起来的企业呢？伴随着日本中小企业大停业时代的来临，目前为关闭门店提供全方位服务的支援经济十分活跃。

在停业企业不断增加的背后，实际上隐藏着人们意识的变化。孩子不想像父母一样辛劳，而反过来父母也不想让孩子吃苦。同时，从员工做起、逐步升迁的路子并不好走，而向金融机构贷款时，个人贷款担保常常也并不顺利。虽然近年来收购与合并（M&A）对中小企业来说并不陌生，但这里面存在许多不透明的地方，例如，整个环节中是否存在可出售的企业，以及是否存在买家等。

因此，无论企业经营者愿意与否，最后都不得不走上停业的道路。但是，当企业选择停业后，存在大量的善后问题，例如帮助员工寻找再就业的机会、补偿员工遣散费、与业务伙伴进行交接、处理办公室和工厂等不动产以及分配家人之间的财产等等。如果在停业问题尚未得到妥善处置之前就遇到经营者的健康恶化甚至死亡的情况，那么一切相关事宜都将由其家人承担。

解决上述所有问题，离不开专业知识的支撑，其中，知识范围涵盖税务、不动产、人力服务等各个领域。由于目前市场上尚未出现能够打包解决所有问题的服务企业，因此当经营者和家人自己来处理停业事务时，他们迫切希望能够找到提供全方位支援服务的商家。

事实上，不仅为企业的成长提供支援服务拥有广阔的市场，保护“老年”企业同样也能带来大量的商机。由于这类服务将大大帮助避免地区经济发生紊乱，因此，从为地区作

**市场攻略**

- ☑ 必须具备税务和不动产等领域的专业知识
- ☑ 打包提供全方位的支援服务
- ☑ 熟悉经营者本人的地方金融机构也要参与合作
- ☑ 保持与经营者本人和家人之间的紧密联系是重中之重

出贡献的角度来说，当地政府也应当大力发展停业支援服务。

提供此类新型服务的从业者或将以合作的形式展开支援服务，服务形式包含各专业领域人士之间的合作、以工商协会为中心的合作，以及常年保持业务联系的经销商与熟知自己公司情况的地方金融机构之间的合作等等。

无论如何，最重要的一点还是要保持与企业经营者之间紧密的联系。有时，专家虽然会给出专业的建议，但由于阐述方式的不同，可能会引起经营者的反感或让他们陷入误区。

对于人口持续减少、上下水管道和道路等基础设施负担过重的地方城市来说，尽早向紧凑型城市转变是它们当前所面临的最为紧要的问题。因此，城市必须规划出“非居住区”，保证区域间的整块用地，吸引企业前来投资。遗憾的是，如果找不到前来投资的企业，那么政府必须保证该区域将最终返还给自然。

划定“非居住区”，需要获得居住在该区域居民的同意，并保证将他们搬迁到其他居住区域。获得同意时，政府应当细心考虑群众的意见，搬家后也要给予群众无微不至的关怀。与此同时，为了完成一系列相关的行政手续，未来或将出现专业的“城市规划咨询”服务，而“老家与坟墓的搬迁服务”和“空置房产的保险服务”等衍生服务项目也将随之出现。

非居住区的候补选项之一，正是那些可能会发生塌方、洪水、海啸和地震等自然灾害的地方。通过分析过去的灾害记录，国家和当地政府应当公布一张指定为危险地区的防灾地图。这样一来，也更容易取得当地居民的同意。

目前，有人建议应当由负责城市规划的专业人员来劝导当地居民，自愿搬迁到经过积极规划的地区，从而实现紧凑型城市的构想。通过行政手段单方面地划定搬迁集中地区，效果不一定会好；但是，如果大家一起朝前看，一边工作一边推进规划进程，那么居民们的幸福感也定会有所提升。

“小型特许经营项目（Small Concession）”是指由20万人口以下的地方市政府等单位所经营的小型连锁商业模式。通过使用市政府提供的设备和设施，当地的私营企业可以展开各种类型的经营项目。与传统的指定管理者制度不同，小型特许经营项目的经营者拥有较高的自由度。

所谓特许经营，是指项目经营者在特定的地区或某种设备的使用上赋予其他企业等单位经营项目的权利，例如，位于棒球场的餐饮店就属于特许经营项目。

作为发展地方经济的一种手段，日本政府正大力推广特许经营项目。至2022年，包括地方企业在内，日本政府希望该项目能够达到7兆日元的经济规模。

除特许经营项目之外，支撑该项目发展的其他经济活动也有可能单独成为一项潜在的商机。因此，为了促进特许项目深入到各个地方公共事业团体，地方政府应该加强对其在各地具体事例的介绍与推广，并举办类似官民对话形式的各种活动。

## 075 大、中规模的木结构建筑

市场规模

**至 2030 年可达**

**2 兆日元**

**据日经 BP 综合研究所推测，该推测基于由矢野经济研究所发布的 2020 年度非住宅木结构建筑市场规模可达 7953 亿日元的预测结果**

**市场概要**

- 灵活运用国内木材资源
- 正交胶合木等新型木质建筑材料得到普及
- 大、中型木结构建筑的技术革新
- 通过公共建筑物等木材利用促进法推广民间的应用
- 修正《建筑基准法》以促进木结构建筑的发展

至 2030 年，大、中规模的木结构建筑将发展成为一个比较成熟的市场项目。此前，大多建筑都是由钢筋混凝土或钢结构建成，但是今后在重新建设这部分建筑物时，将会出现新的材料备选项——木结构建筑。

木结构建筑之所以引起人们的关注，主要有以下几点原因：首先，木结构建筑有助于灵活运用日本国内的木材资源。由于建筑市场十分发达，因此如能在工程中采用木材施工，那将极大带动日本林业产业的成长。

其次，大、中规模的木结构建筑技术发生了巨大的革新。目前，海外已经成功建设了高层木结构建筑。并且，新型木结构建筑材料——正交胶合木（CLT）已在市场上获得了普遍认可，它的特点是木板的纤维按照直角的方向相交叉、相黏合，以此提高了材料的坚实度。

由于木材对碳元素能够起到稳定作用，因此从实现可持续发展目标的角度来说，作为防止全球变暖的手段之一，木结构建筑也亟须市场的肯定。此外，木结构建筑或也能够成为潜在的投资、融资项目，这是因为木结构本身就决定了它与环境、社会和公司治理拥有密切的联系。

对于最关键的居民和建筑使用者来说，木结构建筑的使用舒适度也非常高，并且它还在一定程度上满足了人们为生态作出贡献的愿望。

2019 年，日本政府制定了《森林经营管理法》，设立了森林环境税；此外，政府也希望通过公共建筑物等木材利用促进法来推广木结构建筑在民间的普及，并借修正《建筑基准法》的机会来促进日本建筑的木结构化建设。从 2014 年起，政府在个人所得税的基础上新增了森林环境税，人均征收 1000 日元；然后再根据私有林地和人工林地的面积、林业从业人数和人口总数的比率，以森林环境让与税的形式把税金返还给各市政府。在这一过程中，由于受到人口比率较大的影响，都市市政府的作用就变得更加重要。今后，如能在大城市间推广木结构建筑、扩大对木材的需求，那么就能增加山林地区的木材供给量，通过栽树、伐木、再栽树的形式，构建起可循环发展的森林循环经济。

发展木结构建筑，关键还在于培养相关的建筑人才。今后，关注自然环境和员工办公环境的公司，以及希望对有此类需求的租客进行回应的不动产公司，将是进入木结构建筑市场的主力。因此，建筑公司和设计事务所必须重视自己在木结构建筑方面的技术积累。

**市场攻略**

- ☑ 为实现可持续发展目标作贡献
- ☑ 重视环境、社会与公司治理的投资、融资项目
- ☑ 培养人才
- ☑ 发挥森林环境税的作用

## 租赁住宅修缮全包服务

### 至 2030 年房龄 30 年以上的公寓将达到 1600 万户

目前，伴随着日本老龄化公寓的快速增长，包含增值维修在内的计划性维修、维护全包服务正在快速发展。

据估计，至 2030 年，房龄达到 30 年以上的日本公寓将有 1600 万户，房龄达到 40 年以上的公寓将有 1000 万户。怎样处理这些老龄化的公寓建筑，将是一项巨大的社会问题。

如果单独和每一位高龄房东交涉这一问题的处理，其过程将十分繁杂。因此，政府有必要整体提高某一区域公寓的价值，提高多户公寓的重组、修缮效率；有了国家的支持，再加上对信息技术的利用，目前，合理的租赁住宅修缮全包服务正在急速发展。现在，电子通知板、借助传感器的建筑老化检查系统和居民看护系统都已逐渐实现了应用。

除公寓以外，独栋建筑还存在着空巢问题。伴随着少子老龄化社会的发展，日本家庭数量越来越少；据估计，至 2030 年，仅仅在东京都各区的空巢家庭就将达到 95 万户，而这还没有算上由逐渐增加的犯罪和频发的火灾所带来的影响。未来，巡回看护、维护空巢家庭也将发展成为一项新的市场项目。

传统的废物循环和节约能源自然是循环经济（Cicular Economy）的一部分，但其意义绝不仅止于此；事实上，循环经济不仅旨在提高处理废弃物品和浪费物品的“效率”，它的目标还包括实现高价商品或产品永恒使用的“效果”。

根据埃森哲（Accenture）公司的估算，至2030年，循环经济可产生4.5兆美元的效益。同时，通过分析120多家公司的具体情况，埃森哲将能够产生经济效益的商业模式分为五大类。

第一类，是“再生型供给”，这是指企业使用可循环再生或可生物降解的原材料。第二类，是“回收与再循环”，它是指通过其他方法灵活使用此前被废弃的产品。第三类，是“延长产品的寿命”，即通过对回收的产品进行保养或改良，以此来延长它的使用寿命。第四类，是“共享平台”，这是指在平台上大家可以互相出借、交换彼此不再使用的产品，实现产品共享。第五类，是“作为服务的商品”，它的意思是顾客仅为自己使用的产品或服务支付相应的费用。当然，收集或初步加工废弃物品，或者说静脉产业将会担负起比以往更为重要的职责。由于今后静脉产业将与动脉产业更为紧密地结合在一起，因此从中或将产生新的商机。

市场规模

至 2030 年可达

**6500** 亿日元

**市场概要**

- 对使用寿命较长的产品进行物联网管理
- 从家庭财产的角度探讨对环境和资产的保护
- 通过适量生产和再次利用的方式保护生产资料
- 带动二手市场，保证产品价值

当真皮座椅出现皮革开裂的情况时，人们通常会选择把它扔掉；当搬家后发现没有地方摆放以前的大柜子时，尽管它仍旧结实耐用，但还是会被主人扔掉；当家庭成员减少后，虽然想把多余的碗具送去回收，但由于是日常用品没人接受，最后家人也不得不把碗具丢弃。

以上种种情况，不仅容易导致木材等生产资料的消费过剩，也不利于解决废品对环境所产生的负担。目前，虽然市面上出现了消费者之间的直接交易，以及越来越多的回收店铺，但这并没有带来实际上的循环利用效果，更多的产品只能以非常便宜的价格进行销售，造成了价值的浪费。例如，在死者家属没有注意到的情况下，一些遗物就会成为废品、被低价处理，其中包括可能有部分爱好者愿意花大价钱买下来的东西，或是具有收藏价值的红酒。

事实上，对于那些使用寿命较长的产品来说，如果能在恰当的时期以合适的价格对它进行维护和保养，那么就可以再把它以适当的价格转卖给恰好有需求的人群，这样就能实现产品的再利用，避免产生浪费。而家庭财产物联网，正是能够帮助实现产品再利用的有力助手。

首先，如果能在家电、家具、日常用品和衣服等所有家庭财产上植入微型智能晶片，那么财产所有人、生产商和服务业者等就能随时掌握家庭财产的管理数据，从而在恰当的时间对家庭财产进行维护、修理和变卖等处置。

其次，由于生产商和销售商等产品提供方也能掌握到产品数据，因此产品所有者就能及时从提供方处接收到维护信息，从而在适当的时间对产品进行维护。同时，所有者还将接收到二手市场的需求信息，这样更方便所有者在恰当的时期将产品进行转卖。

如此一来，产品所有者所掌握的信息将由新的所有者来继承，而销售方的数据也将转移到下游一方。在产品最终被

**市场攻略**

- ☑ 需求信息十分重要
- ☑ 掌握废弃产品的时机信息
- ☑ 管理与个人相关的信息

废弃之前，产品生产商将继续参照此前的数据对产品进行维护，并将合适的维护日期等信息传达给新的所有者。

在上述服务过程中，产品最终使用者的需求信息十分关键。在掌握人们对各种产品的使用需求和消费者对产品价值的各种想法的同时，打造市场的关键还在于建立一个能够管理个人数据的系统，特别是消费者选择废弃产品的时机数据。

市场规模

**至 2030 年可达**

**600 亿美元**

出处：美国麦肯锡（McKinsey）咨询公司在化学领域的调查

**市场概要**

- 世界各国已相继禁止使用一次性产品
- 向可生物降解塑料转型
- 向发展中国家出售塑料再利用系统

目前，由大量被丢弃的吸管和购物袋等小型塑料制品所引发的海洋污染，已经成为仅次于全球变暖的第二大环境威胁。因此，像麦当劳和星巴克等大型连锁商家已经宣布停止旗下店铺对塑料吸管的使用，而世界各国也逐渐开展了废止购物袋等一次性塑料产品的行动。

事实上，这些手段不仅有利于解决地球的环境问题，其中还将产生新的商机。

首先，如果减少使用传统的塑料制品，那么市场对新技术的需求将有所增加。目前，伴随着可生物降解塑料和生物质降解塑料的开发，业界已经出现了逐渐向这类产品转型的趋势。所谓可生物降解塑料，是指通过微生物和酵素能够最终被分解为水和二氧化碳的塑料；而生物质降解塑料，则是指采用非石油的甘蔗等生物质（可再生的有机物资源）为原料的塑料。

人们对依靠这类塑料产品解决海洋污染抱有很高的期望，但无论是可生物降解塑料还是生物质降解塑料，都必须通过量产来进一步降低成本。

其次，管理废弃塑料，确立塑料再利用的标准模式。特别是对发展中国家来讲，他们亟须购买标准化的再利用系统。同时，发展中国家还需要成套的塑料处理支援服务，包括建立处理废弃的塑料标准制度，和培养塑料再利用方面的专业人才等。

最后，减少塑料的使用或将重新引起人们对纸质购物袋、容器和器皿等的重视。这里所说的纸制品并不是指那些没有设计感的一次性产品，恰恰相反，通过使用竹子和甘蔗的纤维，市场上已经出现了具有高级感的餐具，并收获了人们的好评。

**市场攻略**

- ☑ 开发减少塑料使用量的新技术
- ☑ 降低可生物降解塑料的成本
- ☑ “纸制品”的重新登场
- ☑ 对废弃塑料的再利用系统

市场规模

**至 2030 年全球市场可达**

**2 亿吨**

CCU：碳捕集和利用 Carbon capture and utilization

出处：富士经济　　二氧化碳的再利用（CCU）

市场概要

- 使用废气排放中的二氧化碳来制造燃料与原材料
- 经济产业省在发展路线图中指出将在 2030 年实现产品普及

碳循环利用技术（Carbon Recycling），是指捕捉并收集由发电厂、工厂和炼油厂等设施中所排出的二氧化碳气体，并将它作为一种资源重新再利用的技术。例如，利用二氧化碳可以制造都市燃气的原料——沼气。除此之外，二氧化碳还可以被用来制造化学品和矿物，其相关技术正不断取得进步。目前，虽然日本主要依靠进口石油等化石资源来制造燃料和化学品，但通过碳循环利用技术，日本已逐步减少了对化石资源的进口，并对本国在资源调配中对海外市场的依赖度进行了合理的控制。

2019年6月，日本经济产业省制定并发布了《碳循环利用技术发展路线图》，全力支持碳循环技术发展。根据路线图的发展轨迹来看，日本政府希望在2030年左右实现利用碳循环利用技术所生产的燃料和化学品等产品的普及。

碳循环利用技术将有助于日本达成《巴黎协定》中的目标，《巴黎协定》提出，“将工业革命前到本世纪末的气温上升幅度控制在2度以内，尽量控制在1.5度以内”。同时，配合碳捕集和利用（CCS）技术，即一方面控制二氧化碳的产生，一方面分离二氧化碳、将其固定于地下或海底，编者相信，实现二氧化碳的循环利用指日可待。

实现碳循环，首先需要找到低成本的新技术。从目前的状况来看，使用二氧化碳制造沼气的成本达到了普通制造都市燃气方法的10倍。因此，想要在2030年实现二氧化碳的商用，必须在此之前将其成本控制在与现有都市燃气制造成本相同的程度。此外，使用二氧化碳制造沼气等燃料和化学品，离不开氢元素的配合。为了降低成本、预防全球变暖，需要使用大量且低价的氢元素，而这种氢元素则需通过可再生能源与核电站生产的零二氧化碳的电气来制造。碳循环技

**市场攻略**

- ☑ 以低成本实现技术开发
- ☑ 实现大规模的氢元素供给

术能否实现市场应用，全要看市场能否打造出一套氢元素的稳定供给体制。

虽然人们对二氧化碳的商用抱有较高期待，但其相关产品想要在成本上达到与现有产品持平的程度，大概还需等到2030年左右；其中，二氧化碳的商用产品将包括聚碳酸酯塑料，以及使用微生物和藻类生产的生物燃料。

市场规模

**食物浪费现状**

**年均浪费量**

**约 13 亿吨**

**希望至 2030 年减半**

出处：联合国世界粮食计划署（WFP）、可持续发展目标

市场概要

- 联合国与日本政府的食物浪费减半计划
- 明确各方相关者的作用

当前，虽然在有些国家和地区存在着食物不足的情况，但在发达国家，食品没有吃完即被扔掉已经成为一项巨大的社会问题。为了解决这一情况，联合国和日本政府分别制定了到 2030 年敦促食物浪费量减半的计划。

在 2016 年 1 月公布的联合国可持续发展目标 12.3 中提出：到 2030 年，在零售和消费者层面，人均全球食物浪费应减少一半。

另外，在 2018 年 6 月日本政府发表的《第 4 次循环型社会形成推进基本计划》中指出，到 2030 年，日本家庭食物浪费应降低到 2000 年度浪费量的一半。

此后，在 2019 年 7 月日本政府公布的《食品循环法基本方针》中提到，供应链整体的食物浪费量也应在 2030 年度降低到 2000 年的一半。

为了综合推进降低食物浪费工作，2019 年 5 月，日本通过了《食物浪费削减推进法》，法案明确了国家、地方公共事业团体和从业者的责任与义务，以及消费者所应扮演的角色。

虽然工作方针得到了基本确定，但在具体施行上，还应当制定更加详细的政策。例如，国家可以推行能够延长食品保质期的容器或包装，以避免造成食物浪费。

此外，员工还应提高食品需求预测系统的精确度，以避免食品生产过剩。为了促进消费者购买临期食品，可以灵活更改食品价格，或是向消费者返还购物积分。

另外，对于实在没办法卖出的食品以及虽然超过保质期但品质并无问题的食品，商家应当准备好各种促销手段。例如，商家可以在手机软件和网上开通销售渠道，低价售出这类食品。

最后，也可以考虑将废弃食品用于生物发电等能源产业。

**市场攻略**

- ☑ 采用能够延长保质期的容器和包装
- ☑ 提高需求预测的精确度，减少生产过剩的浪费
- ☑ 促进保证过剩食品流通或重新利用的手机软件
- ☑ 在生物发电等能源产业加以利用

## 082 能源统合

### 根据用途和使用者的类别来挑选、组合最合适的资源

能源的种类多种多样，根据用途和使用者的不同，其组合方式也各不相同。例如，从资源种类上来讲，能源可分为煤炭、水力、石油、天然气、核燃料、风力和太阳光等类别；从用途上来讲，能源可用于工厂、交通、汽车和家电等场合；从使用者的角度来看，这里面则有企业与家庭等的区别。

为了节约有限的能源资源、积极利用可再生能源并控制二氧化碳的产生，我们必须根据用途和使用者的不同需求来挑选或组合最合适的资源。因此，能源的整合将很有可能成为一项新的商机。

近年来，“部门整合模式”备受瞩目。例如，用热泵将电力部门的电力转化为热能，就可以将热能供给需要它的部门。而整合工作之所以受到人们关注，是因为伴随着容易发生变动的可再生能源比例的增加，一旦将这些能源储存在蓄电池等容器中，通过网络就能将分散各地的蓄电池连接起来，形成类似发电厂的工作形式。我们把这种工作模式称为虚拟电厂（VPP）。

此外，我们也可以考虑将汽车与家庭部门进行整合，从而挑选出最合适的能源。例如，我

们可以使用在夜间比较便宜的电气来为电动汽车（Electric Vehicle，缩写为EV）的蓄电池充电，而家庭则在白天使用电气。这样，电力的供给从汽车（Vehicle）转移到家庭（Home），我们将其称为V2H模式。

能源整合并不是指对能源本身进行统合，而是指多部门的统合。事实上，跨部门的整合商业模式还有许多其他形式，比如与电动汽车充电相关的一系列服务，其中包括能源产业与汽车生产商相合作，向用户显示蓄电池的剩余电量（SOC），或引导用户将汽车充电至最佳状态，或将收集来的大数据转卖给保险公司等等。

## 综合能源市场

### 批发市场与直接交易市场的出现

伴随着能源的多样化与自由化发展，在日本国内的能源批发市场（包含零售市场）中逐渐出现了期货和远期市场。虽然欧美国家在这类批发市场上发展较早，但日本已经慢慢成为液化天然气（LNG）最大的进口国，并产生了期货等交易市场。由于液化天然气本身也是一种发电燃料，因此当它与电力两种能源在市场上同时流通时，就需要商家具备极高的交易技巧。

另一方面，目前市面上也出现了部分需求方绕过电力公司、借助区块链技术直接进行电力等能源的交易行为。

市场规模

**至 2040 年**

**全球可再生能源**

**超过 100 兆日元（同比 2016 年）**

出处：2017 年世界能源展望（国际能源署，英文缩写为 IEA）

市场概要

- 遵循《巴黎协定》、完成各国自主设立的减排目标
- 世界总电力需求量同比增加 150 兆日元
- 增加量中有 2/3 为可再生能源电力
- 出现“零成本电力”

为了遵循《巴黎协定》的条款、达成各国自主设定的二氧化碳减排目标，目前世界各国都在努力发展对可再生能源的应用。

至 2040 年，全球年均电力需求将比 2016 年同期增长 150 兆日元，据估计，其中 2/3 的部分由可再生能源构成。

这个数字结果正是根据各国为达成“自主减排目标”而制定的“新政策草案”推算而来的。

此外，世界各国也会继续推行此前制定的防止全球变暖的各种政策。今后，政府或将持续加速对使用可再生能源发电的系统进行投资。从可

持续发展目标和环境、社会与公司治理的角度来看，企业也将会进一步推进对可再生能源的使用。

在这种种现象背后，可以窥见欧美大型金融机构正逐渐从使用二氧化碳排放较多的煤炭等化石燃料和火力发电项目中撤退投资的动向。从最近两三年的大趋势来看，资金的流向迅速从化石资源倾向了可再生能源。

为了深度扩大产业对可再生能源的需求与相关市场，我们必须开发出类似虚拟电厂（VPP）的流通系统，以保证市场能够稳定为使用分散电源的需求方提供电力。

至 2040 年，在日本国内或将出现可大规模供应的“零成本电力”。所谓零成本电力，是指当需要安装固定设备的上网电价补贴（Feed-in Tariff，缩写为 FIT）制度结束后，市场上将会出现不再收取固定费用、使用可再生能源来制造的电力，其中包括太阳能发电和风力发电等。

当设备投资的回收期满后，不需要花费燃料费的超低价

**市场攻略**

- ☑ 各国政府推出的防止全球变暖政策
- ☑ 对可再生能源发电的投资与筹资
- ☑ 扩大重视环境、社会与公司治理企业对可再生能源的需求
- ☑ 使用分散电源的电力流通系统

电力，将会对电力市场和电力经济产生怎样的影响呢？编者虽无法给出具体的推测，但电力的销售方式与电力经济可能会发生巨大的变化。

考虑到以上种种情况，可以说，目前市场仍处于对新能源服务继续摸索的初级阶段。

市场规模

**至 2030 年**

**超过 3 兆日元**

**据日经 BP 综合研究所推算**

**市场概要**

- 对可再生能源的高效率使用
- 普及 USB 插座
- 新兴国家将在最新基础设施中引入直流电
- 改变游戏规则的技术

目前，世界各地正兴起一股将传统的交流（AC）电力配电网和输电网改为直流（DC）形式的热潮，从而实现电力的高效运输，这一现象的产生背景正是可再生能源在世界各地的快速发展。由于太阳能发电系统在发电时可以产出直流电，而供私人消费剩余电力的蓄电池也可以使用直流电，因此直流电的好处越发引起人们的关注。

现在，在电力需求方的计算机、电视、游戏机等电子设备中，大部分设备都是依靠直流电工作的。此外，在强调高效率的产业用电机中，搭载逆变器也是一种越来越普遍的趋势，比如需要耗费大量电力的电机、使用压缩机的空调、吸尘器和洗衣机等，都是通过把直流电转化为高频交流电的方式，以驱动电机工作。

从现在的情况来看，在交流电力网中，从发电厂到机器用电，中间需要经过多次电力变频，因此会产生一定的电力损失；与此相反，由于使用直流发电的电力可以直接在机器中使用，因此直流电工作效率比交流电要高出许多。

在海外市场，人们将直流配电看作改变游戏规则的技术，而目前也确实出现了一些致力于扩大直流电力的企业。英国奥雅纳工程咨询公司（Ove Arup & Partners，缩写为 ARUP）就曾经发表过报告，报告主张“几乎所有的电子设备都可以在直流电的条件下工作，因此以直流电的形式为所有设备进行供电与配电是完全没有问题的”。此外，日本的三菱电机也希望在今后大力发展直流电技术，“在 2030 年将直流电市场扩大到 1 兆 5000 亿日元”。

眼下，直流电力系统也开始慢慢走进需要消耗巨大电力的数据中心。以荷兰为例，目前，荷兰已经铺设完成了全长 240 千米的 LED 照明街灯工程，这里的灯具使用的就是直流电。在发展中国家，今后的电气化区域将同时安装太阳能发电和蓄电池装置，并为居住区内的电子设备直接配送直流电，打造区域内的“直流微电网（DC Microgrid）”。

未来，伴随着区域直流电力网的发展，包括电动汽车在内的电动移动工具将与电网实现连接，因此在智能城市的构想中，必须考虑建设最合适的电力系统。其中，在充分预备直流系统硬件的基础上，人们还必须意识到，怎样构建包含相关服务在内的商业模式才是市场发展的关键。

**市场攻略**

- ☑ 导入新兴国家基础设施市场
- ☑ 能源的自给自足
- ☑ 在智能城市的构想中引入直流技术

市场规模

**至 2024 年**

**全球市场可达**

**45 亿美元**

出处：2017 年世界能源展望（国际能源署）

**市场概要**

- 网络化管理分散型能源资源
- 分散型能源时代最重要的技术要素
- 市场遍布欧美和日本

虚拟电厂（VPP），是通过物联网来网络管理分散型能源资源（指在需求方等处所安装的太阳能发电装置和蓄电池等设备），使其像一家发电厂一样工作的协调管理系统。目前，虚拟电厂已经逐渐成为在能源系统从大规模集中型向分散型转变过程中的重要技术要素。

伴随着发送电部门的分离，电力系统正逐渐呈现出自由化发展趋势，其中，欧美国家正在积极探索、发展虚拟电厂技术。在日本，虚拟电厂市场也呈现出蓬勃发展的趋势。由于希望在 2020 年实现虚拟电厂协调控制技术，因此政府正开始着手以补助金的形式大力扶持相关事业发展。

实现虚拟电厂、打造相关市场，首先要求企业准确把握市场需求，并具备设计、开发与需求相匹配的物联网网络系统的能力。

这里面的难点在于，如何将多地分散型的能源电力根据复杂的市场需求输送到相应的地方。同时，如果电力没能完成输送，必须将这部分电力重新分散、重新储存。但是，电力需求常常因经济、天气等因素有所变化，因此想要对电力需求进行预测是比较困难的。这时候，人们开始考虑在虚拟电厂中引入人工智能的可能性。

另一项难题是，如何树立一套虚拟电厂的商业模式。由于电力自由化的发展，电力需求方将从传统的电力公司和多家虚拟电厂中选择能够高效满足自己需求的企业。这时，电力企业之间的差别非常容易演变成在价格战上的你争我夺。因此，这要求电力企业具备一定的能够确保多重收益来源的“商业想象力”。

近年来，在虚拟电厂中起到管理、控制能源的机器，无论是从数量上还是种类上来说都呈现出增长趋势，而其中锂离子电池的发展尤为引人注目。虽然此前锂离子电池成本过高让人头痛，但随着韩国和中国的生产商实现了锂离子电池的批量生产，其成本也随之下降。从虚拟电厂的管理层面来讲，由于锂离子电池的充放电反应非常迅速，因此其电力系统网络比较稳定，非常适合用来辅助服务市场，并带来较高的收益。在欧美市场，除了大型的锂离子电池，搭载于住宅层面的小型蓄电池形式的虚拟电厂应用也十分广泛。同时，欧美市场还提供将蓄电池与需求响应（Demand Response，缩写为DR）相结合的服务项目，以求在多家电力公司中找到价格便宜且质量较高的设备。

**市场攻略**

- ☑ 物联网系统的开发能力
- ☑ 掌握需求方的明确需求
- ☑ 确保多项收益来源

市场规模

**至 2023 年**
**全球市场可达**
**391 亿美元**

出处：全球市场调查公司 MarketsandMarkets

**市场概要**

- 避开系统网络单独提供电力供应
- 在发达国家微电网以大厦或地区为单位进行工作
- 扩大亚洲与非洲市场

微电网（Microgrid），指的是与电力系统网络相分离、仅在一定范围内提供电力输送的系统。目前，对微电网的需求大致有以下两种情况：

首先，在发达国家，当遭遇台风或地震等自然灾害时，微电网需要与电力系统网络相切割，以大厦或地区为单位向其输送电力。

其次，在亚洲和非洲未通电的地区（Off Grid），微电网可以作为一种低价的电力供应手段；眼下，通过太阳能发电和蓄电池等形式组成的微电网在当地广受欢迎，其市场也正在逐步扩大。

在第一种需求中，通过建立灾害应对体制，微电网能够帮助平常正常运行的电力系统在突发情况下依旧能够平稳解决特殊的供电需求，因此，其背后的高收益是十分令人期待的。在日本，如果想要发展微电网事业，那么电力企业需要与当地市政府加强合作，共同应对自然灾害，提高地区的灾后复原能力。

在第二种需求中，当地应当建立将太阳能发电等可再生能源与蓄电池相结合的高效电力供应系统。此外，在将微电网投放到亚洲和非洲诸国市场时，还应注意结合当地的物价情况及时调整电力价格，因此电力企业必须不断压缩微电网的成本。

近年来，在未通电区域，柴油发电机与微电网相结合的电力系统也引起了人们的注意。事实上，不仅是在新兴国家，在发达国家的孤岛上，也有很多地区仍旧依赖着柴油发电。但是，由于在柴油燃料中轻柴油所占的比重较高，所以这些地区一直在为成本问题而感到苦恼。因此，在使用太阳能和

**市场攻略**

- ☑ 在应对灾害方面与市政府进行合作
- ☑ 综合管理可再生能源与蓄电池
- ☑ 在日常生活中扩大微电网的市场
- ☑ 针对亚洲和非洲市场降低技术成本

风力等可再生能源发电的同时，这些地区也建造了很多电力储备设备，通过调整电力供需和电力频率，这些地区希望尽量增加对可再生能源的利用，减少对柴油燃料的使用。现在，欧美国家和澳大利亚已经找到了能够切实降低能源成本的方法，因此他们正在积极开发将硬件与软件完美结合的打包技术，以期将其出口到新兴国家的未通电地区。

市场规模

**5年间日本国内**
**设备替换投资总额可达**
**1兆2000亿~2兆5000亿日元**
据日经BP综合研究所推算

市场概要
- 10～15年后将统一更换电池板
- 实现低价、高效的面板产品

10~15年后，全球安装的太阳能电池板将统一进行更换。随着低价格、高效率的电池板已逐渐投产，今后其竞争将变得更加激烈。

在上网电价补贴制度下，日本国内的太阳能发电产能将达到70千兆瓦。当上网电价补贴制度结束后，拥有产能达40千兆瓦~50千兆瓦（4000万~5000万千瓦）设备的企业将二度投资，继续发展电力产业，到那时，假定1千瓦的太阳能电池板单价为3万~5万日元，那么其市场总额将达到1兆2000亿~2兆5000亿日元。如果能在5年间完成电池板的铺设，那么年均市场总额可达到2400亿~5000亿日元。

目前，新一代太阳能电池板的研发工作正不

断取得新的进展。例如，日本国立研究开发法人——新能源产业技术开发机构（NEDO）就希望通过被称为高岭土或量子点太阳能电池的技术来改变市场的游戏规则。

另一方面，中国正急速发展高纯度的单晶硅技术（包括发射极和背面钝化电池、异质结、全背电极接触晶硅光伏电池和双面发电组件等），以期尽快降低该技术的成本。

站在电力企业的角度来看，企业必须充分考虑怎样维持设备的转换效率与千瓦面板单价之间的平衡。如果采用单价虽贵但转换效率较高的电池板，就能以少量的面板优势达到与传统发电方式持平的发电量。

**市场攻略**

- ☑ 提高转换效率
- ☑ 降低成本

089

# 建材一体型太阳能电池板

## 义务为新建建筑物安装

市场规模

**建材一体型太阳能电池板**

**（光伏建筑一体化，英文缩写为 BIPV）**

**400 亿~ 1000 亿日元**

**据日经 BP 综合研究所推算**

目前，建材一体型和安装在窗玻璃上的透视型太阳能电池板正逐渐在世界各地得到普及。

当上网电价补贴制度结束之后，太阳能发电很有可能在政策的推动下变成一种自家消费型的发电方式。事实上，在美国的加州地区，政府已经规定所有新建建筑物都有义务铺设太阳能装置，从中可以看出太阳能市场未来的发展潜能。未来，这种“义务”或将从全美国逐渐向全球扩散，日本或也有可能受其影响。

在日本国内，未来住宅太阳能发电量将有可能达到 1 千兆瓦（100 万千瓦）左右。假设 1 千瓦的太阳能面板单价为 4 万 ~10 万日元，那么其年均市场总额将达到 400 亿 ~1000 亿日元。

为了使太阳能电池板得到更广泛的普及，除了进一步降低它的市场定价以外，还应在面板的制作工艺上精益求精，使面板外形更接近瓦片或石板，达到与周围景观相协调的效果。

目前，三菱重工研发的“新元素嬗变”技术已经进入了试点阶段，所谓“新元素嬗变”，是指在低温条件下，伴随着核嬗变而进行的能源提取技术。使用重氢，能够达到改变元素种类的效果。该技术有望促进新能源的开发，帮助生成稀有元素，或在无害化处理放射性废弃物工作中发挥重要作用。

最早，该技术的研发资金来自丰田集团。此后，三菱地所集团也为研究该技术的创新企业提供了资金支持，之后更是吸引了更多大型企业前来投资。目前看来，该技术或将在2030年实现应用。

## 091

# 面向燃煤火电和钢铁行业的碳捕集与封存设备

## 能源产业的脱碳工作已经开始

伴随着可再生能源成本的降低和产业对其的大量使用，承诺百分百使用可再生能源的企业——“RE100”也越来越多。在这样的大背景下，燃煤火电和钢铁行业等能源产业也终于意识到了“脱碳”的重要性。

脱碳的重要手段，是碳捕集与封存（CCS）技术。利用该技术，可以当场回收由火力发电厂和工厂等排出的二氧化碳，并将其储藏起来。目前，在日本的苫小牧海岸已经开展了对碳捕集与封存技术的大规模试点工作。到10年后的2030年，为了继续保留燃煤火电，脱碳设备将很有可能已经进入实用化阶段。

现在，日本的公益财团法人——地球环境产业技术研究机构（RITE）正与能源企业联手，力图实现二氧化碳吸附分离技术（分离膜与固体胺等）的实际应用；同时，他们也保有行业内最尖端的相关技术。

# 第0章编者姓名一览

朝仓博史
安达功
荻原博之
小原隆
金子宪治
狩集浩志
桑原丰
相马隆宏
高津尚悟

田中和之
田中淳一郎
田中太郎
藤堂安人
中西清隆
仲森智博
马场未希
藤田香
谷岛宣之

# 第7章

# 新天地与科技

## 延伸到各个领域的新技术

正如编者在本书第 1 章中曾经提到那样，如今，技术扩散正呈现出越来越快的发展趋势。在智能手机上，人们可以轻松打开各种各样无形的软件，享受各种服务。而通过共享经济和共享服务，人们也能够快速地接触到有形的硬件产品。

当新技术被应用于通用服务的范畴时，越快的扩散速度越有利于技术本身的发展。因此，像过去那样完全照搬其他国家商业模式的老路在日本已经走不通了。

如果不能在新技术研发上拔得头筹，那么不如把目光聚焦到解决日本固有的问题上来。此时，当地政府并不需要具备所有的技术，而只需把全球通用的服务项目与独自研发的新技术相结合即可。应该如何把握两者之间的平衡关系，就要看施政者的规划与计划能力了。

今后，技术发展的方向之一是人体本身，而事实上，目前的技术已经在向人体内发展了。另一方面，技术将向没有人类的地方前进，例如宇宙、海洋、海底以及空中等。

在本书第 7 章中，编者将围绕着今后技术发展的新天地与技术本身所带来的商机展开详细介绍。

虽然目前对海底的开发主要是以国家为中心，但今后海底世界将很有可能为我们带来新的商机。

海底电缆大概是最为人所熟知的海底开发项目之一。虽然现下电缆的铺设都是以国家为主导，然而进入网络时代之后，该领域将很有可能会吸引到民间投资。未来，除通信基础设施以外，人们或也将在海底建设数据中心。

现在，国家之间都在暗自竞争，如何在省电的模式下完成数据中心计算机的散热，因此便有人提出了利用浩瀚无垠的海水来冷却计算机的构想。基于此设想，微软公司已经通过把服务器紧紧塞在钢铁罐里的形式来在海底进行海水冷却实验。

此外，海底或也将成为一种观光资源。例如，日本的海洋螺旋（Ocean Spiral）公司就在研发一款让人乘坐透明球体在海底旅行的“海底气球（SEA BALLOON）”项目，并期望在2021年实现应用。另外，虽然目前尚未动工，但迪拜方面已经透露出了准备建设海底酒店的想法。

伴随着传感器和自动驾驶技术的发展，人们对大海的利用逐渐从浅滩延伸到了深海。2018

年，日本政府在内阁会议上提出了“向大海发出挑战，提高技术，掌控大海”的宣传口号，并决定今后将进一步展开对大海的开发工作。

市场规模

**市场规模**
**21世纪30年代前期**
**太空产业整体可达**
**约2兆3000亿~2兆5000亿日元**

出处：日本内阁府《太空产业愿景2030》

**市场概要**

- 人类计划移居、定居月球或火星
- 多家创新企业加入挑战
- 打造适宜人类居住的环境

从现有的技术水平来看，人类移居月球或火星的计划或将不再是痴人说梦。此前，美国特斯拉公司的老板埃隆·马斯克（Elon Musk）所投资的太空探索技术公司（SpaceX）就提出，要在2022年实现首次向火星运送货物的目标。同时，此次项目还将对火星上存在的水资源和潜在危险进行探测，并准备在火星上搭建发电、采矿和维持生命所需的基础设施。到2024年，宇航员将完成两次飞行任务，为建设宇宙飞船助推器的储藏库和将来宇航员的飞行做好准备。在这之后，通过重复这样的飞行任务，公司将在火星上建造一座人类基地，在2060年实现100万人火星大移民的计划。

另一方面，日本的创新型企业——月球探测公司ispace则表示，他们将在2021年实现登月目标，并准备在月球上建设太空基础设施，以实现对月球水资源的利用，将人类的生活圈最终扩展到太空中去。同时，该公司还提出了要在2040年实现1000人定居月球、年均10000人访问月球的“月亮谷计划”。除此之外，美国亚马逊公司的杰夫·贝索斯（Jeff Bezos）也公布了自己月球着陆器的构想，并准备在2024年进行发射。而另一家美国企业——毕格罗宇航公司（Bigelow Aerospace），则宣布自己将于2021年发射两个商用空间站，并考虑建设普通人在太空旅行中将会居住的太空酒店。

为了能让人类实现在月球或火星上居住的梦想，必须准备许多必要的生活物资，包括适合太空环境的建材与资材、能在太空中生长的植物、保证舒适性的空调和卫生器械，以及最重要的食物。另外，由于从地球向太空运输物资成本巨大，因此必须在月球或火星上打造完整的生产体系，以便在太空中直接生产器械、建材、化学纤维和食物等。

移居、定居太空只是人类开发太空计划的一部分。在整

**市场攻略**

- ☑ 跨领域企业相互合作
- ☑ 征集计划认同者以筹措资金

个开发计划中，还有“活用卫星数据”、“太空空间服务”、“娱乐项目”和“太空旅行”等项目。其中，在活用卫星数据方面，人类已经将地球观测数据应用于商业领域，并实现了全球定位系统（GPS）和远程监测等实际应用。此外，所谓的太空空间服务，则包括清扫太空垃圾和延长民用静止卫星寿命等内容。

市场规模

**全球市场可达**

**1兆5000亿美元（2040年）**

出处："准备迎接飞行汽车"——摩根士丹利调查报告2019年1月（Get Ready For Flying Cars Morgan Stanley Research 2019/1）

**市场概要**

- 陆空两用的新型汽车
- 具备自动驾驶功能的垂直升降机
- 空中出租车的按需派车服务
- 移动领域的新型顾客价值

飞行汽车的地位大致位于传统的飞机与无人机之间。虽然目前并没有出现对飞行汽车比较明确的定义，但人们一致认为它将具备"电动"、"自动"和"垂直升降"的功能。当汽车本体、飞行成本和基础设施等成本都有所下降，空中移动变成大众服务，人与物体的移动均能实现快速、低价与便利时，空中汽车将对我们的社会和经济产生巨大影响。

目前，世界各国正在积极展开对陆空两用新型汽车的实证实验与相关技术的研发，而具备自动驾驶功能的垂直升降机已经开始了试验飞行。当前，美国的优步科技公司（Uber Technologies）

正在专心开发相关技术，以期尽早实现空中出租车的按需派车服务。

想要进入相关产业，必须寻找多家公司相互合作。开发新型汽车，必须具备雄厚的技术实力；同时，想要实现共享服务，企业还必须开发出一套具有匹配功能的信息系统。此外，由于新型移动载体的垂直升降特性，企业还需与其他周边产业保持紧密联系，包括准备土地和购买保险等。

另外，有意进入飞行汽车行业的企业，必须首先考虑清楚自家公司的强项在哪里、怎样最大限度地发挥出它的优势以及自己的合作伙伴都有谁。当然，这些问题是任何企业在发展新项目之前都必须经过慎重考虑的。

在此基础上，由于优步公司的自动驾驶出租车（Robo Taxi）项目有很多值得参考的地方，因此新兴企业不妨多多观察它的成功之道。

**市场攻略**

- ☑ 从哪里入手？
  →汽车管理、相关服务和周边产业
- ☑ 怎样最大程度发挥自家企业的优势
- ☑ 合作伙伴都有谁
- ☑ 向自动驾驶出租车服务学习

最后，发展空中汽车行业，企业将面临的问题包括：研发电动化与自动化技术、具备经过实证的飞行管理与适航证明、完善基础设施与相关制度、寻找能够承担起社会运营的企业家以及提高社会对该项目的接受度等。

市场规模

**10 年后可达**

**250 亿~ 500 亿美元**

出处：波士顿咨询公司（Boston Consulting Group）

市场概要

- 在人工智能方面的应用
- 缩短交通时间
- 个性化的处方药
- 实现金融资产组合最优化配置

量子计算是指在计算过程中通过量子力学的原理来达到超过现有计算机水平的超高速计算模式。当前，人们期待量子计算能在多方面实现应用。

首先，在人工智能方面，量子计算或将在计算机视觉、模式识别、声音识别和机器翻译等领域实现应用。

在交通方面，量子计算将被用来计算最合适的移动路径，如此，就能缩短人们的交通时间，并减少交通堵塞情况。

此外，量子计算还能帮助分析分子、蛋白质与化学药品之间的相互作用和化学反应，并高效处理人类基因排序与基因组分析工作。同时，人们期待量子计算能够帮助缩短药物的开发时间，并向患者提供个人化的处方药品。

另外，量子计算能够高效完成用于市场风险评估和投资测评的模拟工作，进而实现资产组合的最优化配置，减少投资风险。

今后，人们将继续在以上这些应用领域中探索量子计算能够解决的问题，并找到解决问题的算法。从目前的情况来看，全球的大型信息技术企业都在埋头研究、开发量子计算技术。而量子计算大致可以分为“量子门”和“量子退火”两大算法。从技术产品化的角度来看，量子退火算法发展较快。然而，开发量子计算需要庞大的资金支持，如果日本企业从现在开始着手研究的话，估计是比较困难的。

另一方面，从实用的角度来看，虽然专家已经沿着上述可能性的方向展开了实证实验，但若想在商用中普及量子计算，仍尚需时日。

即便如此，各相关企业还是需要尽早找到适合自己的技术方法，争取在全球竞争中抢占优势地位。目前，部分日本企业已经加入到了美国的 IBM 量子计算网络，并展开相关研究，其中包括化学生产商捷时雅商贸有限公司（JSR）和三菱化学公司，以及金融公司三菱 UFJ 银行和瑞穗金融集团。

**市场攻略**

☑ 发现可解决的问题

☑ 开发解决问题的算法

☑ 加入研究网络

市场规模

**至 2022 年**

**全球市场可达**

**67.2 亿美元**

出处：全球市场调查公司（MarketsandMarkets）

**至 2025 年**

**全球市场可达**

**167.1 亿美元**

出处：变项市场研究公司（Variant Market Research）

市场概要

- 在传感器和设备末端处理数据
- 应用于不允许延迟的领域
- 在自动驾驶行业不可或缺

在计算机领域，数据的处理总是呈现出集中与分散两种形态交替出现的情况。近年来，虽然大部分数据处理表现出向云集中的趋势，但部分处理工作却向现场传感器和设备附近分散，形成“边缘计算”。

分散处理数据的原因是因为有些工作必须在现场完成，不能延迟。例如，安装在商店和街头的摄像头每天都能够捕获大量的数据，以用来进行监视或分析人物行为，当处理这些数据时，直接在商店或摄像头上展开工作，要比送到云上再进行计算要快得多。

由于网络延迟会给用户带来不好的体验，甚至会造成用户流失，因此在虚拟现实、线上游戏和点播视频等实际应用中，很有可能将会引进边缘计算。

在使用物联网的智能工厂中，传感器需要以毫秒为单位对数据的收集、储存和分析进行响应并向工厂现场作出反馈，因此数据处理绝对不能发生延迟。当向云集中的数据量越大，其传输过程中的通信费用越高。因此，至今有些数据仍然无法存储在云当中。

边缘计算在自动驾驶行业中也扮演着不可或缺的角色。这是因为自动驾驶交通工具需要随时掌握周围车辆和行人的情况，通过在边缘直接进行数据处理，它才能迅速判断、给出指令。

发展边缘计算，关键在于明确资源的分散方法。目前，末端设备已经逐渐向小型化和低成本化发展。而类似低功耗广域网络（Low Power Wide Aera，缩写为 LPWA）的通信服务也已经进入实用阶段。随着产业环境的成熟，人们可以根据应用的具体特性来决定采用云计算还是边缘计算。

在充分了解云计算与边缘计算的特性之后，未来人们将有可能打造出兼具两者优点的计算系统，比如使边缘计算也具备从设备中提取数据和高效安全处理数据的功能。

最后，边缘计算或也将应用于人工智能领域。如果在靠近现场的末端设备上搭载人工智能，那么该设备就能自动检查异常，保障安全问题。另外，虽然自动驾驶汽车利用人工智能可以完成画像识别和对前方车辆、信号灯与行人等行为的预判，但如遇到突发情况，将数据传到云端进行处理再反馈回来，显然为时已晚。

**市场攻略**

- ☑ 资源的分散方法
- ☑ 与云计算的区别使用
- ☑ 边缘计算有望与人工智能相结合

# 培养信息技术与操作技术人才

## 培养支撑数字化发展的信息技术人才

市场规模

**至 2030 年**

**日本市场可超**

**300 亿日元**

据日经 BP 综合研究所推算

**市场概要**

- 数字化与第 4 次产业革命
- 改革工作方式、灵活使用人才
- 提高工作积极性

近来，人才培训服务越来越受到人们的关注，尤其是精通虚拟的信息技术（Information Technology，缩写为 IT）和现实的现场操作技术（Operation Technology，缩写为 OT）两方面的技术人才。

目前，由于信息技术已经逐渐扩散到在现场使用的各种操作系统中，因此信息技术人员需要具备解决现场问题的能力。换言之，信息技术人员必须踏入被称为操作技术的领域，熟练现场业务，熟悉各种机器。

所以，现在的技术人员需要具备信息技术与操作技术两方面的技能。然而，由于此前的双方技术领域是被明确分割的，因此业内基本不具备培养精通双面技能人才的环境。今后，我们必须打造出一套新型的支撑数字化发展的人才培养制度。这意味着我们不仅需要培养年轻的技术人员，还要促进现有技术人员技术水平的提高，并向操作技术人员实施信息技术教育。

伴随着物联网和人工智能等最尖端信息技术的应用，数字化已经在全球范围内掀起了一场社会形式与产业结构的变革。如果不能完善信息技术和操作技术人才的培养，那么日本将很有可能在这场变革中落后于人。根据经济产业省所发布的《关于信息技术人才需求与供给的调查》，至 2030 年，仅在日本信息系统部门中，负责推进数字化发展的人才需求与供给之间的差额就将达到 64 万人之多。

为了培养这部分人才，如果企业能为每人年均投资 5 万日元，那么总投资额或将达到 300 亿日元以上。然而，实际上的培养费用肯定会超过这个数字。进一步来讲，不仅是信息系统部门，在其他各类需要使用到信息技术的工作现场中，都需要培养能够推动数字化发展的信息技术与操作技术人才。由此可见，在数字化发展的同时，围绕着双面技术人才所展开的培训市场也将随之扩大。

**市场攻略**

- ☑ 启蒙技术人员的发展前景
- ☑ 人才与需求的匹配
- ☑ 囊括信息技术与操作技术的全面教育

市场规模

**区块链技术**
**对社会将产生的影响**
**与相关市场规模可达**
**67 兆日元**

出处：2015 年日本经济社会信息化、服务化的基建报告书（关于利用区块链技术的国内外服务动向调查）

**市场概要**

- 区块链
- 加密资产（虚拟货币）
- 价值的流通
- 小额交易
- 以太币

代币经济（Token Economics）是指利用代币（代用货币）对人的行为或物品赋予价值，并通过交换代币的形式来实现代币流通的社群（商圈）和代币交换的结构。

代币是作为一种加密资产（虚拟货币）而实现的。从现有的代币经济来看，其中大部分利用的都是虚拟通货的以太币。

代币经济的整个流程大概是这样的：首先，企业会对顾客有价值的行动发行代币；之后，该顾客会从其他的顾客那里得到相应价值（行动或物品），并把自己的代币交给对方；最后，顾客会用储存下来的代币去交换企业的服务或产品。如此一来，顾客群体或顾客将与企业之间发生通过代币完成的价值流通。

代币经济的实例包括区域通货的流通以及游戏内产品的交易等。目前，连我（LINE）即时通信平台就向用户提供获取代币的服务。

在代币的发行与交易过程中，最重要的就是信任。和传统的交易一样，由于过程中不存在负责管理的第三者，因此小额交易（Micro Payment）是非常容易实现的。此外，代币也可以应用于即时结算和交易的自动完成，换句话说，在智能合约中也可以使用代币。

企业若想让价值实现流通，就需要激励用户使用代币，因此，激励设计十分重要。

此外，加密资产种类繁多，技术上也存在许多差异。如何选择加密资产（协议），需要企业经过慎重的思考。

**市场攻略**

- ☑ 流通结构
- ☑ 激励设计
- ☑ 加密资产的选择

市场规模

**至 2030 年**

**全球市场可达**

**1.8 兆日元**

**占人工智能整体市场规模的 5%，整体市场可达 37 兆日元（根据美国 Tractica 公司的调查）**

**至 2025 年**

**全球市场可达**

**1 兆日元**

**占人工智能整体市场规模的 5%，整体市场可达 20 兆日元（根据美国 MarketsandMarkets 公司的调查）**

**市场概要**

- 机器学习需要经过整理的数据
- 加工原始数据，转化成教师数据
- 庞大的原始数据变成了宝贵的资源
- 大数据时代不可或缺的工作
- 与人工智能市场的扩大同步成长

想要熟练掌握目前人工智能的中心技术——机器学习技术，需要大量经过整理的数据。虽说庞大的原始数据已经摇身一变，成了珍贵资源，但我们还必须对原始数据进行加工，将它变成能够指导人工智能的“教师数据”。

数据收集与整理是一项在大数据时代必不可少的工作，可以说，它几乎是伴随着人工智能市场的扩大而成长起来的。如果假定数据收集与整理工作占人工智能市场整体的5%，那么我们可以在此基础上估算出市场的整体规模制作教师数据，首先需要完成很多初步整理工作，例如统一“某某股份有限公司”和“(股份)某某”的表记，完成对邮编和电话号码中符号的处理，以及统一半角、全角和平、片假名的写法。

其次，我们需要从根据机器学习所构建的算法中抽出必要的要素数据，并完成许多相关的作业。在机器学习领域，为了能够从教师数据的数值中找出一定的模式、构建预测模型，应该从原始数据中提取什么，又排除什么，是一项特别重要的工程。

由于数据整理需求不断增长，因此行业必须保证足够的劳动力来完成数据的收集与整理工作。虽然部分整理工作可以交给计算机来自动完成，但最终结果还需由人力来进行确认。

收集、整理工作对注意力能否集中有较高的要求，但这并不一定意味着该工作对年龄和经验有着严苛的限制。值得注意的是，当雇主提出“想要某一类的数据”时，该企业内部也需配备精通机器学习的人才。

**市场攻略**

- ☑ 精通机器学习的人才
- ☑ 确保数据整理劳动力
- ☑ 部分整理作业的自动化

## 第7章编者姓名一览

神保重纪
菅野武
桔梗原富夫
中道理
林哲史
三好敏
森側真一
谷岛宣之

# 第8章

# 怎样找到蓝海

在完成了名为“100 项蓝海”的调查活动后，日经 BP 综合研究所的 80 名研究人员在本书的第 2~7 章中，为读者朋友们介绍了各种各样的新市场。目前，这些市场都是候补选项，或者说是提案，因此，真正的蓝海，也就是那些存在需求但尚无企业进行回应的市场，必须由各家企业自己来探寻。在本章中，编者将采用与第 1 章同样的商业领袖（B）和技术负责人（T）对话的形式，来与读者朋友们共同探讨找到新市场的方法。

**B** “看了这 100 项孕育在尚无竞争的蓝海中的候补市场，如果仔细思考一下，突然觉得有点茫然啊。”

**T** “怎么突然变得胆小了？我倒是比较乐观，正是在这样的市场中，才能充分发挥技术的力量。”

**B** “我们暂且不谈是否只要有技术就能带来顾客、催生市场。比如说，像修复地球、在太空中寻找发展机遇，这自然是很重要的事情，但实际上，对做生意的人来说，这些都会让人感到十分困惑，‘就算你这样说，我们这边的话……’我刚才说的迷茫就是这个意思。”

**T** “虽然竞争可能会相当激烈，但如果市场就在眼前，那就应该为此日夜奋斗，即便别人说，想想未来的事吧，或许你也不会转变想法。”

**B** “其实，我听过不少这样的新闻，虽然公司挑选最优秀的人才组成了新事业开发工作室，或进行了不少相关部署，但结果往往并不顺利。”

**T** “是啊。像日本很早就进入了少子高龄化社会，因此存在不少商机，但即便理论上大家都承认，却还是可能会产生停止思考的倾向，有人会认为，‘嗯，说是这样说……’”

**B** “你听说过‘富士宫炒面学会’吗？”

**T** “就是用当地美食来振兴地方经济的成功案例吧？”

**B** “很遗憾，这个学会的会长已经去世了，但这个学会的经济活动已经创造了近千亿日元的收益。在会长生前，我曾经访问过他，据他说，如果把当地炒面店的数量除以当地家庭数量的话，该地区的比例也是日本第一的。为了大力宣传如此受当地人所喜欢的炒面，他们举办过各种活动，也做过各种广告。德鲁克曾经说过，要关注人口结构的变化。如果说将这句话理解为要注意发生在眼前的特征与变化的话，那么富士宫炒面不恰恰正是这样的例子吗？”

**T** “说起创新与新业务，我还是一头雾水。总而言之，还是说要多多注意身边所发生的事吧。”

**B** “在由 W. 钱·金、勒妮·莫博涅所著的《蓝海战略：蓝海转型》一书中，曾介绍过伊拉克乐团的事例。虽然这家乐团是全球有名的乐团，但他们特意找来了历经伊拉克战争的人作为乐团团员，还演奏了伊拉克的乐曲，因此获得了全世界的好评。要说身边事例的话，没有比这再离我们更近的例子了。”

**T** “在像乐团这样的红海中，只要打出自己的特色，也能获得成功。”

**B** “不仅如此，我个人认为，最好还应该从小事做起。比如说尝试着重组一部分工作。这样一来，不就能从旧市场中发现新市场吗？从技术领域来讲，假如把当初设想的部分用在别的地方，会不会也能产生不同的效果呢？”

**T** “现在回想起来，无论是获得成功走向民间的技术，还是大力宣传后却消失不见的技术，一般来说，只要是杀手级应用，那么在找到愿意使用它的用户的那一刻，它就成功了。比如说，闪存之所以突出重围获得成功，就是因为可随身携带的音乐播放器抢占了市场。”

**B** “虽然我刚才说了很多，但是其实仅靠技术和制造还不够，应用与造势也非常重要。”

**T** “所谓新事物，换句话说，当你想向市场提供一种新的体验时，常常会与现存的规制发生碰撞。如果想作出更好的东西，那么我们是不是应该像美国一样，通过大量游说去改变法律或规制呢？”

**B** “恰恰相反，有时人们反而会盲目地选择去遵守法规。我还记得似乎是在个人信息保护法刚刚出台的时候，有企业声称他们将‘不会使用’此前通过各种活动所积累下来的个人信息，并且会将信息全部删除。看到这则新闻的时候，我十分吃惊。”

**T** “今天人们常说，数据就是石油。然而这家公司却把好不容易找到的油田给封锁起来了，是这个意思吧。”

**B** “嗯，是的。然而，对新石油资源的独占和乱用也逐渐变成了一个大问题。目前，在欧美就出现了应该对大型网络企业进行管制的声音。同样，在日本，如果哪家企业拥有某一特定领域的大量数据，那么一旦数据使用方法有误，就会遭到人们的批判。虽然过程很麻烦，但今后估计还会有更多的企业忙着封锁已经发现的油田。”

**T** “本来，个人数据就归属于个人，并应由个人来管理。当然，个人可以选择将数据提供给服务供应商，以此来换得相应的利益。之后，服务业者将利用所收集的数据进一步提高顾客的服务使用体验。这就是数据的基本使用流程，只要不脱离这个框架，那么数据将在我们的生活中得到更多的有效利用。由于数据管理技术不断进化，例如欧盟（EU）就一直遵守严格的《一般数据保护条例（GDPR）》，因此个人数据今后仍有可能获得高效的利用。”

**B** “有些人即便牺牲便利性，也要遵守各种规制。相反，有些人则会先提交保证遵守规制的报告，然而在现场却常常发生违规的举动。对于规制，人们常常会陷入两种极端的状态。过去，人们曾经为了抵制排气法规，而在发动机上进行了创新改良。正面规制，与规制相抗争，有时也会带来蓝海，不是吗？”

**T** “以欧洲的情况来讲，他们自己制定规则并以此为依据来打造市场，这在欧洲已经是非常成熟的流程了。其实，无论是过去的ISO质量管理体系，还是今天的可持续发展目标与环境、社会和公司治理也存在同样的情况。当初，在《京都议定书》刚刚生效的时候，Kyoto Protocol（《京都议定书》）曾一度成为全球的关键词，然而日本却一直想要放弃这一协定。虽然也有人称日本是‘擅长生产节能产品的国家’，但是要说环境优美，日本可能是要渐渐远离这样的评定了。”

**B** “从全球来看，应该如何往前走已经是老生常谈了。即便是到了今天，仍有些企业打算只使用自家公司的技术。按正常情况来讲，难道企业不应该一发现潜在的市场需求，就努力将公司内外的技术与技能相结合，以此来满足市场吗？”

**T** “听说，在硅谷的创新企业中，如果在早会上提出了一个项目，到了晚上会发现这项企划已经动工了。其实，即便是一点点进度也好，最主要的是将内容投放市场，来观察市场的反映。”

**B** “换句话说，就是看企业能否找准市场切入点，对吧。企业不仅需要在经济与技术上的合作伙伴，为了将产品推向市场，企业还需要找到在顾客方面的切入点。”

**T** “事实上，与顾客之间的切入点正是日本技术企业所面临的课题之一。由于顾客只会接触到营业人员，因此我们常常听说，负责考虑研究开发与新型服务的人员为找不到市场切入点而感到苦恼。”

**B** “确实，除了与现有的顾客进行沟通之外，企业也需要与潜在顾客建立沟通渠道，这个过程是很难的。德鲁克曾在接受采访的时候提过 SOHO（small office home office，意为家居办公）的例子。由于 SOHO 的办公人员都是从一般的家具店采购办公设备，因此专业的办公家具生产商并没有注意到有很多人选择离开大企业，组成几个人的事务所或在家办公的变化趋势。所以，没有跟上时代趋势的办公家具生产商丢失了SOHO市场，最终陷入了办公家具销售的低谷。从这个例子来看，获取外部信息，还是非常重要的。”

**T** “进入互联网时代，想要获得新顾客、找到合作伙伴，果然还是要多多宣传自己。这样，才能有企业主动前来询问，‘贵公司的专有技术能否和我们公司的技术相合作呢？’自己寻找切入点当然是必要的，但只靠自己的话，不免会让视野越来越狭隘。”

**B** “原来如此。在打造这样的经营结构的同时，也应当让公司员工多多锻炼自己的感性，或者说直觉吧。当有好的机会出现时，如果反应迟钝，那么事业也无法前进。其实这一点在任何组织中都是相通的。工作人员应当仔细思考，组织想要的到底是什么，以及组织对自己又有什么样的期待。在一个组织中，我们必须营造出一种大家都敢于发言的气氛，让每个人都能勇敢地讲出‘我是这样想的’；同时，也要多多注意培养勇于表达意见的人才。”

**T** “听说，硅谷的企业也会对敏锐的头脑进行投资。以前大家所吹捧的自由办公地点已经过时了，现在，那里的公司更倾向于选择桌子是固定的但任何人都可自由出入的开放型会议室。”

**B** “这听起来跟曾经在日本企业中流行的员工自由碎碎念的模式很相似。只不过，在日本只有同一家公司、同一家工厂的员工可以聚在一起自由讨论，缺少异文化与外来人员的冲击。能否吸引异文化的员工、他们能否接受这样的模式，都需要企业以自问自答的方式展开探讨。”

**T** “这样一来，感觉慢慢就会形成所谓的企业梦想或企业视野呢。我想这么做，我想变成那样，如果一家企业能够让员工如此自由地讨论美好的蓝图，那么这家企业一定能够聚集很多感性与能力兼备的人才吧。”

**B** “你是想说经营的根本是不会变的吧。的确，日本有很多创业超过百年的长寿企业。其中，既有通过改变经营内容而维持经营的企业，也有一直延续原始经营内容的企业。无论是哪一类企业，它们都十分看重创新的精神，正因为如此，这些企业才能不断创新，无论是在传统市场还是新市场当中，都能发现蓝海，长盛不衰。”

# 第8章编者姓名一览

安达功
酒井纲一郎
望月洋介
谷岛宣之

**图书在版编目（CIP）数据**

新商机：改变商业版图的100项蓝海 / 日经BP综研编；詹雪译 . —北京：东方出版社，2021.7
ISBN 978-7-5207-2209-4

Ⅰ . ①改… Ⅱ . ①日… ②詹… Ⅲ . ①市场经济—研究 Ⅳ . ① F014.3

中国版本图书馆CIP数据核字（2021）第093990号



**新商机：改变商业版图的100项蓝海**
（XIN SHANGJI:GAIBIAN SHANGYE BANTU DE 100 XIANG LANHAI）

**编　　者**：［日］日经BP综研
**译　　者**：詹　雪
**责任编辑**：刘　峥
**出　　版**：东方出版社
**发　　行**：人民东方出版传媒有限公司
**地　　址**：北京市西城区北三环中路6号
**邮　　编**：100120
**印　　刷**：北京文昌阁彩色印刷有限责任公司
**版　　次**：2021年7月第1版
**印　　次**：2021年7月第1次印刷
**开　　本**：787毫米 ×1092毫米　1/32
**印　　张**：9.25
**字　　数**：92千字
**书　　号**：ISBN 978-7-5207-2209-4
**定　　价**：59.80元
**发行电话**：（010）85924663　85924644　85924641